紅沙龍

Try not to become a man of success but rather to become a man of value.
～Albert Einstein (1879 - 1955)

毋須做成功之士，寧做有價值的人。——科學家　亞伯・愛因斯坦

讓別人贏

在人生多重角色中，
55個修煉與覺察的智慧

Sunny Huang
黃冠華——著

讓別人贏

而關鍵不只管理，我更重視企業文化與團隊協作。

Part II

【天使投資篇】
錢也是有情懷的

我先後創立了 Workface Taipei 和識富天使會來支持新創領域，但我們的團隊認為，天使投資絕對不僅僅是金錢遊戲，更需要利他的情懷，還有對這些信仰的執著。

Part III

你輸我贏？

【思維轉換篇】

亞洲人打麻將，本質是「和諧的組成」，贏的關鍵，在於誰的「局」最和諧。原來，讓別人贏，不代表就是讓自己輸。

Part IV

別教孩子「乖」

【為人父母篇】

「你為什麼老是不聽話？」「我這樣做是為你好！」

乖，就是要求孩子表現出我們大人想要看到的樣子嗎？

如果孩子懂得為自己負責，何必要求他乖？

自序

經過快六年的時間，這第二本書終於出版了！在第一本書《觀念》出版後，因緣際會受邀在《商業周刊》寫管理專欄，同時間我以兩種身分做切換，講到新創相關時，就用「識富天使會」聯合創始人的身分標籤；如果講到人生觀念與管理，就用旭榮集團執行董事的角色。

累積這幾年來的專欄文章後，我原來想要以《觀念二》的書名來出這本書，但商周出版部總編輯提出的建議很中肯：或許我所有的文章，可以用一個主題來貫穿。我想了很久，後來想到我所有的專欄中，被網路傳閱最廣的一篇文章，談的就是「讓別人贏」，這篇文章連丈母娘參加的社會大學熟齡歌唱班的群組都傳到了！我決定就用「讓別人贏」做為這本書的書名，因為這體現了我為人處世的中心思想——為什麼要「讓別人贏」？因為唯有真心利他，才能真正利己！

這六年來最大的事件，我想無非就是新冠疫情的發生莫屬了。從二〇一九年一直到現在，經過了三年時間，從疫情迅猛的爆發、一夕間改變我們的生活，到現在接受與疫情共處，甚至也慢慢的進入收尾階段。這段時間內，我身處的紡織本業供應鏈雖然遇到很大的挑戰，但是經營績效還是不斷創造新高。第一部的「經營管理」篇，我除了談到本業紡織的跨國經營管理，也談了許多這次面對新冠疫情的衝擊和調整。

而在天使投資的領域，從成立台灣最大創業者社群 Workface Taiwan 後，在二〇一七年與夥伴們再進一步創立的識富天使會，也在短短幾年間成長為台灣最具規模和影響力的天使投資社群，為台灣的新創領域創造出無限的可能性！累積多年的心得，我整理成第二部「天使投資」篇，希望能對有意創業及新創圈的夥伴有所助益。

第三部的「思維轉換」篇，分享的是我個人在處世修煉過程中的心得與領會。這要再次感謝金惟純老師，這幾年間，金老師不只影響了我個人，更透過「活學」課程，協助我把這些智慧帶入企業，協助同仁們活得更好，活得更有價值！

最後一部的「為人父母」篇，是一個比較特別的章節。很多人不知道我除了寫管理文章之外，也寫了很多親子文章。因為疫情，我已超過兩年沒有出差，因此多了很多和家人及孩子相處的時間，有這麼一大段時間能和孩子在一起，在這艱難的世道中，也算是另一種收穫。除了讓自己有一個靜下來的機會，從個人、事業、家庭等角度，重新檢視人生的方方面面，同時也藉這個機會，敲定了這本書在疫情接近尾聲（如果沒有意外的話）的出版計畫。

我用以上四個分類來呈現我想表達的文章內容。並且邀請五位亦師亦友的至親好友為文作序。

首先，商周集團榮譽發行人金惟純老師是我人生的修煉導師，能邀請到他為我作序，我感到十分榮幸並備受鼓舞。

這本書的內容大部分取之於我在商周開設的專欄，而商周集團的郭奕伶執行長是當時邀請我的關鍵人物。商周集團在郭執行長的帶領下，邁向了大刀闊斧的轉型和改變，我和執行長也共同經歷了很多的學習活動與專案，亦師亦友，相互切磋，是以邀請郭執行長為我作序。

YouTube創辦人陳士駿（Steve Chen）是我的好友，他也是台灣政府所發放的第一張「就業金卡」，代表來自矽谷注入台灣的資源和力量，我們對於台灣新創的國際化都有著很深的期許，也希望這次的疫情，除了讓台灣能提升國際能見度之外，也能夠讓更多的資源、資本，看見台灣、重視台灣！

好友劉軒是我識富天使會的夥伴，也是我從小「神交」的朋友，相信很多和我差不多歲數的朋友都應該對其父親劉墉先生所寫的《超越自己》這本書印象深刻，而這本書的內容，其實談的就是他的公子劉軒。所以當我們第一次見面時，劉軒很意外我這麼瞭解他，因為書裡都講完了！劉軒與父親劉墉先生的教育思維皆非常先進，且中西兼容，他同時也是心理學家、作家、演說家、DJ，他本人就是斜槓人生的成功代表！所以特別商請他為我作序。

從構思到付梓，《讓別人贏》這本書的完成，首先要感謝旭榮集團及天使會的夥伴們，在大家一起努力下，我們還能堪稱順利的向前邁進，真的是一件很不簡單的事。

還有我親愛的父母親，旭榮集團董事長黃信峰先生及總經理黃莊芳容女士，如果沒有他們兩位，我今天絕對不會有任何的機會能發表文章，甚至出版書籍。其實要用「站在巨人的肩膀上」來比喻，還真恭維了自己。第一代創業者的辛苦與投入，很多都是我們這些第二代經營者難以想像的。但同時間，我也跟老人家提到，我們現在所投入的創新創業，其實某種程度上也是在補上過去我們沒有參與到的那一段，開疆闢土、披荊斬棘的企業草創期。也希望能為我們接近五十年的本業，創造出新的生命曲線，開拓出不一樣的可能！

另外，還要感謝親愛的老婆大人 Sherie 的支持。因為她的付出，照顧家庭和小朋友，我才能全力衝刺事業而無後顧之憂。在中間接力協助專欄文章聯繫出版的同事 May、Hedy、Vicky，還有與我深度合作連結的新創團隊們、喬米時尚美學的紀執行長及諸位店長夥伴、童裝品牌 baby baby cool (bbc) 創辦人魏群芳、游牧行的木子鵬、以及政大企管系黃國鋒教授，都是讓這本書能順利出版的恩人！

特別要謝謝《商業周刊》出版部勝宗、玫均等專業團隊，負責通路及行銷的慧妮、惠雯，和最後編輯文稿的惠萍等夥伴。由於疫情和諸多原因，出版計畫一波三折，也終於塵埃落定。最後要感謝所有一路上支持我、協助我的好朋友們，尤其是正在閱讀此書的您。作品的存在，就是希望能夠與讀者對話，就是因為有了您的肯定，才能讓我有持續寫作、發表的動力！

前後寫了五年的序，
二〇二二年三月八日 於台北辦公室定稿

推薦序一

「讓出來」的天下

商周集團榮譽發行人　**金惟純**

幾年前，冠華帶著一個願望來找我：他希望把旭榮集團打造成修習道場。其實就是最高效、究竟、可持續的學習型組織。這正是我最有興趣做的事，我們一拍即合。

在徵得父母的支持後，他邀請我分別在台北、上海和越南，主持了為期數天的工作坊，讓集團管理層共同學習。據冠華的說法，他在課程後看到了「巨大的轉變」。

依我的經驗，課程效果能持續多久，關鍵在於主事者是否親身投入。我看到的是，冠華在工作坊中全程參與，課後仍帶領大家持續修習、不斷分享，因此成效斐然。

在本書中，我處處看到冠華持續修習的旅程。而「讓別人贏」，正是一種極高的領袖格局。

據說，劉備能讓孔明、關雲長和張飛為他效命，是因為他常說三句話：你說的有道理！這件事很重要！我怎麼沒想到！

第一句話，把「對」讓給了別人；第二句話，把「成就」讓給了別人；第三句話，把「贏」也讓給了別人。讓得如此徹底，叫人如何不效命？所以說，天下不一定是爭出來的，有時候是讓出來的！讓出來的天下，比爭出來的更好！

而這一個「讓」字，談何容易？因為小我的天性，就是要不斷地證明自己。「對」和「贏」，正是小我最難割捨的執著！在講究競爭的企業環境中，大家都帶著想要對和贏的小我，怎麼可能同心戮力？消耗的能量、減損的效能，可想而知。

正因如此，有格局的領袖才難能可貴。領袖要有格局，必須不斷修習，放下小我，才能生出「讓」的胸襟，把「對」讓給別人，把「贏」讓給別人，打造出超越小我、以大局為重的企業修習道場。

領袖最重要的特質是承擔。有才幹，可以承擔事；有德行，才能承擔人。承擔事，可以做大做強；承擔人，則可長長久久。才幹可以練出來，德行只能修出來！而一個企業，若能成為修習道場，在上位者有德，其左右有才者戮力以赴，自可長長久久。

冠華身為企業第二代，在接班養成過程中，除了鍛鍊能力，還願意修練心性，放下小我，讓別人贏，實屬難能可貴！

在本書中，處處可見他隨時打開覺察，在每一個發生中，在每一種關係中，不斷地讓自己有體悟、有修習，並且樂於分享，完全吻合「做中學，學中覺，覺中悟，悟中行」的修習法門。

這本書，是一個青年企業家的修習實錄，可圈可點，值得大家一讀。

推薦序二

凡事究竟的 Sunny！

商周集團執行長　**郭奕伶**

「就算你把記者名字遮起來，我幾乎都可以猜出這篇是誰寫的。」多年前初識 Sunny 時，這是他形容自己詳閱《商業周刊》報導的功夫。我當場測試，果然他所言不假。

這是他給我的第一印象：好學而細膩。他不只廣泛閱讀，博學多聞，甚至連每位記者的文風都能辨識。

後來，我被他的筆記嚇到。他從背包裡拿出筆記本，一翻開，「前後部分是固定的，用來記錄沒有時效的內容，前面是工作心得，後面是一些自我提醒、靈光一閃、名人嘉言；中間部分的活頁紙我每年更換，年度活動、每天行程都記在這。」

他很早便開始有紀律的收集名人嘉言，隨時看、即時記，甚至還常翻閱複習；早年，他會定期將自己手寫的名言佳句，分類打入電腦，年底再印出燙金版，與好友分享。

不只如此，他的筆記「左公、右私，左邊記公事，右邊記私事。公事分五種顏色：一般事務用鉛筆；自己要做、比較重要的，用藍筆；長期計畫用綠筆；別人須回報的任務、交辦日，用紅筆；老闆交代的，用黑筆。」

系統分類控，是我對他的第二個印象。他就像個自動分類機一樣，任何事只要經過他，一定變成井井有條的系統。

即便只是去按摩、上個館子，他都建成一套可以依據不同條件的搜尋、評鑑系統。

系統化的能力，代表的是一套深入的邏輯思考習慣，才能據此訂出適合的框架，讓事情依序分類收納。

你可以想像，一個連自己的休閒娛樂都可以建成系統的人，他公司的人力資源、教育訓練、跨國營運、研發生產、大數據的各種系統，會是多麼有邏輯、有秩序。

高效率，是我對他的第三個認識。與他通訊往來，他的回覆速度連我這個被封為「急驚風」個性的人都自嘆不如。他對效率的重視，不只反映在訊息遞送的精準上，可以這一秒處理完的事情，他絕對不會拖到下一秒。

好學、系統控、高效率，這三個特色讓Sunny的經營火候突飛猛進，也讓旭榮不但順利承襲了一代的創新創業基因，更建立了可永續發展的跨國管理制度，展現新的面貌。

這幾年，Sunny跨足天使創投、定期撰寫《商業周刊》專欄，接受越來越多訪問、演講邀約，因為見多識廣、事事究竟，他的每一場演講、每一篇文章，都有精闢而獨到的見解，更因他早年抄寫名言佳句的功力深入骨子裡，他信手拈來總是風趣。

Sunny是一位傑出的「第二代」企業家，他能承先，也能啟後；他能經營企業，也懂得品味生活；他創造企業獲利，卻不犧牲家庭品質。

閱讀這本書，你可以學到他深入核心、歸納簡化的管理功力；而他的文章總是自帶笑聲與快樂，尤其是文後的PS.，讓你的閱讀旅程充滿愉悅與驚喜。

我尤其喜歡書名《讓別人贏》，這呈現了Sunny的價值觀，先利他，才能利己。這樣的第二代企業家，讓人尊敬，也喜歡。

推薦序三

像老茶般回甘

臺灣數位企業總會理事長 **陳來助**

我的同學Sunny要出書了！每次收到《商業周刊》，常常可以看到Sunny的文章。這次終於要集結成冊，一口氣讀下來，就像攀登百岳，體驗壯闊山嵐及雲海，感覺自是不同。

Sunny的文章常有非常有趣的標題吸引你看下去。文章後還有註解，讓你咀嚼其中的邏輯，就像老茶一般還竟然可以回甘。

Sunny是我GE的同學，我們那一年一起去紐約GE總部受訓，當時對他並不熟悉，二〇一八年我成立二代大學後，接觸了很多二代，才慢慢瞭解所謂的

「二代接班」不為外人所知道的辛苦。那時候才再度重新認識 Sunny，一位成功的旭榮集團創二代。我十分佩服他能夠在公司跟公益之間，在時間運用、資源安排以及角色轉換得如此協調。後來又看他在商周定期有專欄文章，也常常演講分享，實在不知道他怎麼有這麼多時間去找到這麼多的題材。我自認為自己已經很跨界，自稱為轉型魔術師，與 Sunny 相比，簡直是小巫見大巫，百思不得其解。後來我自我解讀，他應該是一天有二十五個小時的超級魔術師！

這本書有許多很棒的文章，特別是貫穿這本書的理念是「讓別人贏」，這是多麼了不起的做事理念！我們大部分的人其實都希望自己贏，特別是創業者跟董總字輩的人，原來「讓別人贏」才是最高境界。Sunny 說，企業要像高鐵，每一節都自帶動力，才能夠跑得快，看了這麼多傳統產業，以及帶過眾多新創公司，往往成功的關鍵就是「一動全動，節節貫通」，原來這就是 Sunny 文章所稱的高鐵企業，實在比喻得太好了！這本書每篇文章都緊扣著「創新、轉型、升級及接班」的超現代管理學，對我而言，是再次學習的好經驗。這是一個一天有二十五個小時超級魔術師的新書，值得好好拜讀，一看再看。

推薦序四

積極、前瞻的引路人

天使投資人・YouTube 共同創辦人 **陳士駿**

台灣在我生命中一直扮演著重要角色。我出生於台灣，八歲移居美國。童年時期在美國中西部的芝加哥附近度過，直到一九九九年移居舊金山灣區加入新創公司 PayPal。接下來的二十年裡，我的生活點點滴滴都離不開矽谷，包括聯合創辦多家公司、擔任天使投資人、為新創公司提供建議，到任職於董事會。在此期間，我成為 YouTube 的共同創辦人。

經過這些歷練後，二〇一九年我決定搬到台灣。儘管在美國過了大半輩子，但總有一天要回台灣的心意從未改變。台灣永遠是我的故鄉，我一直希望為台灣的未來做出貢獻。

回台不久後，我開始探索和了解台灣的創業生態。台灣和矽谷有許多顯著差異，有好的、也有壞的。在這期間我遇到了 Sunny，立刻有一種親如手足的感受。他有種鼓舞人心的力量，這種力量來自他全心全意關注台灣的長遠願景，且挽起袖子克服所有眼前挑戰。台灣不缺有天賦、有潛力的人才。矽谷的成功並不神奇；台灣也有能力創造下一波影響全球的科技潮。

Sunny 個人領導能力與經營能力展現在他實實在在且持續不斷的佳績。更重要的是他領導識富天使會這個緊密相連的企業家網絡，奠定了台灣人才與世界接軌的基礎。與所有的新創企業一樣，沒人能對未來掛保證。然而，如果少了像 Sunny 這樣積極、前瞻的引路人，創業之旅就跨不出第一步。對於世界各地的企業家來說，現在的台灣是一個令人興奮的地方！

陳士駿原文序

In 2019, after these experiences, I decided to move to Taiwan. In spite of having spent the greater part of my life in the US, my mind never wavered from wishing to return to Taiwan one day. Taiwan will forever be my mother country and I've always wished to contribute to its future.

Taiwan has and continues to play a significant role in my life. Born in Taiwan, I moved to the United States at the young age of 8. I spent my childhood in the US Midwest, near Chicago, before moving to the San Francisco Bay Area to join the startup, PayPal, in 1999.For the next 20 years, my life was filled with all aspects of Silicon Valley ranging from co-founding multiple companies, angel investing, advising startups, and serving on boards. During this period was when I co-founded YouTube.

Soon after arriving, I started exploring and learning about the entrepreneurial landscape in Taiwan. There are many distinctive differences — some beneficial and some detrimental — between Taiwan and Silicon Valley. During this period was when I met Sunny; I immediately felt a kindred connection with him. He was an inspiration in that his heart was decisively focused on the long-term vision for Taiwan while his hands were focused on all the short-term challenges that needed to be overcome. Taiwan is lacking in neither natural talent nor potential. There is no magic in Silicon Valley; Taiwan is just as capable in creating the next wave of global icons in technology.

Through concrete and continuous results, Sunny has been able to demonstrate his personal leadership and business abilities. More importantly, it is his leadership at Smart Capital, a highly connected network of entrepreneurs, that lays down the groundwork to bridge the talent pool in Taiwan with the world. As with all startup ventures, the future is never guaranteed. However, without the proactive, forward-looking guidance of individuals like Sunny, the journey will never begin. For any entrepreneur around the world, Taiwan is a thrilling place to be right now!

Steve Chen

推薦序五

讀通教養背後的「概念」

教育專家、心靈導師、暢銷作家　**劉軒**

拜讀了 Sunny 兄撰寫的親子教育散文後，我上網查些資料，剛好看到他之前在一場菁英講座上的分享，談到企業傳承以及與上一代溝通的挑戰，他說：「概念通，後面就通了。」

我認為親子關係也是一樣。每個孩子都是獨特的有機體，有不同的個性、不同的需求，成長過程也千變萬化。這時，我們更需要溝通概念；與孩子溝通、與另一半溝通、與自己溝通。

例如：「孩子情緒失控是暫時的表現，與其用強權壓制，不如尋找方法引流」，就是一個概念。父母如何認同這個概念，就可以立下原則：「雙方情緒化時不要與孩子直球對決」。下次當狀況發生時，就可以更清楚該怎麼應對，不會反覆無常。長久下來，當親子都知道情緒該如何處理，就會形成一個家庭文化，而一個穩定的家庭文化，能養出更有安全感的孩子。

教育孩子的分工，也是雙親之間需要溝通的概念。如果父母在家的時間不對等，要如何分配教育責任？這不能只是「誰看到，就誰來處理」那麼機動性，而是需要事先協議，才不會讓夫妻互扯後腿。這部分 Sunny 相當明白，因為事業忙碌，他認知自己不適合介入小朋友日常生活的管理，以免規範不能持續，反而造成困擾。但他會努力激發孩子學習的熱情，陪老大下五子棋，也會親自負責孩子的英文教育。這每一個決定的背後，都有一個概念。

當我讀 Sunny 的親子散文，我看到的不只是一個父親的經驗，而是一系列有關教育本質的概念討論。例如有關英語教學，概念是「不要把語言當學問，而是當工具」，最重要的就是給孩子找到一個自然快樂的環境，讓他能很開心地使用這個語言。對於是否送孩子出國念書，Sunny 竟然打算讓孩子自己決定！但為了讓他能做更好的決定，他會提早教孩子企劃能力，並授權讓他設計全家的出遊行程，從經驗中學習如何做好判斷。

雖然這些文章讀起來白話日常，但我相信每個概念都是讀了文獻，再經過深思熟慮後所得來的，不然怎麼與我之前在教育學院學到的概念都不謀而合？我認識的 Sunny 是個清單控和收納狂，還是處女座 AB 型，即便樣子看來一副輕鬆，但應該沒有什麼事情是隨便決定的！這時想起美團 CEO 王興先生曾說過的一句話：「我為了執行上的懶惰，願意做戰略上的所有勤奮。」我相信 Sunny 兄在教育上，應該也會認同這個說法吧！

很高興能夠讀到這些文章，讓我有所共鳴也有所學習，也特別喜歡幾篇最後還附個 PS，詼諧地來個變化球，讓我們看見孩子畢竟還是個孩子的那一面。回想自己的經驗，那些孩子不按牌理出牌的時刻，也往往是為人父母最可貴的回憶。前提是，家裡需要一個有原則、有安全、有愛的環境。有了這些，大事可以化為小事，小事可以沒事，成為日常可愛的 PS。

教育就如同企業傳承。概念通，後面就通了！

各方推薦

（依姓名筆劃序）

與 Sunny 好友多年，我感覺他永遠處於飢餓狀態：不只是對美食的追尋，也是對各種知識、觀念、啟發、與能力等的大量攝食與消化，並將所產生的熱量與營養揮發在他生命裡的多重領域中；這本書裡的每一篇文章都是他自食其果後所分解出來的智慧，成為方便吸收的養分。

——洪裕鈞，台灣松下電器董事長

成就他人，成就自己。

——陳立恆，法藍瓷創辦人暨總裁

本書就是 Sunny 的智慧寫照——成就他人，榮耀他人。讓別人贏，重點不在於結果，而是意願與實力的展現，除了具備心智與道德修養的最高境界，更需兼具「成就他人，榮耀他人」的能力。

——黃國峯，國立政治大學企業管理學系特聘教授最有經驗天使投資人，最有價值的分享。

——黃齊元，藍濤亞洲總裁、智門創辦人

記得幾十年前就聽人說過，成衣事業已經是夕陽產業，但有些人卻活了下來，而且越來越旺盛，好像從晨曦上升到日正當中，旭榮就是我親身接觸過的成功企業之一。而我接觸的對象就是他們的執行董事，本書作者黃冠華。

你會在這本書中發現他諸多的成功因素。例如，他相信人性的善良面，也認為需要常常肯定善良的表現。我想添加的一項是：冠華的持續學習精神與樂於與他人分享的態度。他在求學時期就參加了卡內基訓練，而這本書的內容更是他成功經驗的見證分享。

——黑幼龍，中文卡內基訓練創辦人

Sunny 大兒子和我兒子同年，我們在子女教育、企業經營上，有很多共同的理念。雖然產業別有很大的不同，但是我們「以客為尊」、「讓孩子贏」的思維是非常相近的。Sunny 這本書相信值得大家一看！——蔡伯翰，喜來登執行長

Sunny 善用說故事的方式，讓許多需要深刻體會的道理淺顯易懂，不管是在工作、家庭、生活上都很受用，尤其是親子關係的部分，看了讓人意猶未盡。我也很喜歡每篇最後的反思和趣味分享。本書可用輕鬆、生動的方式來引導您培養更深層的獨立思考能力，我極力推薦。

——蔡承儒，臺北富邦勇士籃球隊領隊

做為投資人，總是讓我最感到開心和驕傲的，就是幫助創業家成功。因為其實在這個過程中能獲得的成就感和快樂，並不輸給自己獲得成功的喜悅。本書帶我們思考，如何將創投「讓別人贏」的思維套用在企業領導和待人處事上，或許這也將為你帶來意想不到的回報！

——鄭博仁，心元資本創始執行合夥人

Part I

【經營管理篇】

成長的飛輪

企業要成長，絕對不能只靠英明神武的領導人當火車頭，
我以高鐵為師，期許每一位員工都是公司成長的飛輪，
而關鍵不只管理，我更重視企業文化與團隊協作。

1

火車還是高鐵？

為什麼高鐵跑得比火車快？因為一般火車只有車頭有動力，而高鐵是每節車廂都有動力，全部輪子動起來一起跑！

鼠（二〇二〇）年開春，迎來了第一隻黑天鵝，從大陸武漢開始的新型冠狀病毒（COVID）疫情擴散。世界各國紛紛封路封城，公共交通停擺、專機撤僑。電影情節真實上演，亞洲各國戒慎恐懼，如臨大敵。

我服務的旭榮集團母公司，每年都會在農曆年前後舉辦策略大會，請全球副理級以上的同仁及各事業體與功能性主管來台與會。除了業績檢討之外，並共同討論決策來年的戰略規劃，而二〇二〇年同時也是公司創立第四十五週年，原預計宴請超過一千名賓客共襄盛舉，時間點也恰巧落在這波疫情擴散的最高峰期！

這可能是我這幾年內所遇到最兩難的決策，一邊是籌備多年的大會，諸多準備蓄勢待發，就等著這一天的精彩呈現。

另一邊卻是不可測的病毒迅速蔓延，速度及嚴重性遠遠超過過去人們的預測及想像，而我要冒著這風險，召開這個會議嗎？

最後我們拍板決議，慶祝晚宴取消，會議改採線上進行。

雖是新年假期中，但台北總管理處的工作小組立即啟動。負責籌備策略大會及週年慶的工作團隊快速反應，改籌劃線上會議，各單項負責人皆在我下達指令前，都預先擬好方案，再呈交決策。第一時間先確認所有陸籍同仁幹部調整行程，斷然取消來台。兩天一夜的策略大會則縮小規模並更改地點，流程重新規劃，只留必要主管報告。千人聚會的四十五週年慶直接宣布延期舉辦，並在最短時間內，擬定所有對外回應與公司因應措施，讓一切的不確定性降到最低。

計畫趕不上變化，是我這幾天下來的最大體會。但透過大家的用心與協同努力，降低負面影響，卻是我們可以把握的。由於產業的特性，我們需要在全球投資，常常要面臨該國政治動盪、工人罷工、甚至戰爭、海盜侵擾等突發狀況，所以在這十多年中養出了一身管理技能。「危機管理」是每間企業都需要有的思維，這需要承平時期的演練、緊急溝通架構的提前建立，高度的團隊協作默契，與當責者主動積極的態度，而這絕非一朝一夕之工！

防疫就像作戰，要打贏一場偉大的戰役，絕對不是只靠英明神武的將領統帥，其關鍵更應該在每位衝鋒陷陣的軍官士兵、高效精準的後勤補給，和高昂的戰鬥士氣。這是企業文化與團隊協作磨練出來的成果，在本次危機處理中充分的展現。除了深刻感激之外，我也願給予企業內負責相關事務的所有夥伴，極為讚賞的高度評價。

PS

為什麼高鐵跑得比一般的火車快？因為一般火車，只有車頭有動力，一個車頭拉著各節車廂跑！而高鐵是每節車廂都有動力，全部輪子動起來一起跑！如果你的公司運轉起來是高鐵，而不是火車，跑的速度就一定比別人更快。因為挑戰，讓我們更珍惜彼此，祝兩岸的所有好朋友。都能平安順利的度過疫情危機。

2

狼與哈士奇

商學院訓練出來一批又一批的哈士奇，大家長得很像狼，但都不是真正的狼，沒有真正流著野狼的血液。

日前在一個聚會上遇到了老朋友，認識二十幾年的盧希鵬教授，他的智慧話語讓我們每次的交談都收穫頗多。我們談到第一代創業者與第二代接班人的差別，他提出了一個很有趣的比喻，第一代創業家就是狼（我想到華為的任正非），而很多的接班人，其實不是狼，而是一隻哈士奇！

哈士奇長得像狼，但牠的習性和模式完全不是狼，你如果丟出一根棍子，狼理都不理你，但哈士奇可能就會衝出去，搖著尾巴，然後用嘴巴銜著撿回來，**因**

為牠們都已經受過 MBA 的訓練了。

大多數的接班人都有不錯的流利外語和學經歷，但其本質就是商學院訓練出來的哈士奇，聽指令辦事，受制約行動，做事情都是有 SOP 的，因為主人有訓練、有交代。但如果把一群哈士奇放到野地裡求生，遇到一夥真正飢餓的狼群，可能三兩下就被當大餐吃掉了。

但哈士奇也不是一無是處。一般來說，哈士奇經過人類共同的馴養過程，能拉雪橇、能看門，大家能合作、集體行動。但是狼不行，狼能夠基於狩獵及生存本能來團體行動，但是要叫牠去拉雪橇、顧家門，那是萬萬不會，**這是血液中的本質問題，是 DNA 裡面的基因，狼本來就是要殺戮獵食求生存的，不來跟你搖尾巴服務主人那一套，你硬要狼去拉雪橇，搞不好牠先咬的是你！**

我們的商學院訓練出來一批又一批的哈士奇，大家長得很像狼，但都不是真正的狼。只是繼承了老祖宗給的那個外貌，卻沒有真正流著野狼的血液。如果你問我，到底哪一種在未來能在惡劣的國際競爭局勢中披荊斬棘、克服難關？好像狼的勝算，是稍微大一些。

無論是狼還是哈士奇，面對險惡的環境，大家的共同目標都是要活下去，桀驁不馴、孤芳自賞也好，團隊合作、抱團求生也好，只要你活得下去，就是有本事！

至於你是一匹荒野戰狼，或只是一隻長得像狼的哈士奇，似乎也不是那麼重要了。

PS

我常常在思考，如果我是一個自詡為創二代的一．五代企業家，在既有的基礎上再突破，那我到底是一頭像哈士奇的狼，還是一頭像狼的哈士奇？

給企業第二代的祝福

由於知道有老人家盯著，所以我所構思及企劃所有要推動的制度、要執行的政策，一定會反覆思量。為什麼我會想這麼多？總歸到底，還是怕被罵。

一位我很尊敬的長輩，曾對我語重心長的聊到一件事，他說：「你知道嗎？其實在做事情的時候，有人罵，是一件好事！」這位長輩說道，他接班得早，因為父親很早就不在了。年輕時，就是因為沒有人管，所以說話做事，有時候就太野了；現在年紀大了回想起來，很多過去說的話、做的事，有時候都太衝動了……。

年輕時聽到這席話，似懂非懂，沒辦法有太多體會。這幾年，經歷的事情越來越多，回頭才想起這個故事。很多企業第二代經營者最不喜歡聽到老人家的碎碎念、老人家的觀念不同，老人家的指正或甚至開口罵人，但是這一切，其實都是送給第二代企業家的祝福。

對我來說，因為我會考量老人家的想法，所以任何的投資機會，我都會非常謹慎，甚至寧願不出手，也因此在過去十多年，不知道避開了多少投資地雷和陷阱。

因為考量老人家的觀感，所以我看到很多喜歡的東西，只要價格略高，我寧願不買，因為怕被罵；久而久之，我就學會了克制自己的物質慾望，慢慢的，我也覺得生活好像其實挺簡單的（因為老人家過得很簡單）。雖然吃照吃、喝照喝，就算看著一些朋友有著較高標準的物質享受，我也不覺得有所匱乏，因為我已經習慣沒有這些東西的生活，甘之如飴也自由自在。

由於知道有老人家盯著，所以我所構思及企劃所有要推動的制度、要執行的政策，一定會反覆思量、深度思考，確認這是最能符合大家利益的最優決策，不是橫柴入灶，不接地氣的辦公室政策。為什麼我會想這麼多？總歸到底，還是怕被罵。

其實，這個「怕被罵」，代表的是一種祝福，因為**你知道還有一個力量凌駕於你，所以我們會謹慎、我們會敬畏、我們會謙遜，而不是過度放大自己，目空一切，忘了我是誰**。讓我們敬天畏神、戰戰兢兢，讓自己謹慎的、不放縱的去過生活、做工作。而這個**「謹慎不放縱」，不就是最好的祝福嗎？**在生活上謹慎不放縱，我們會身心健康，在工作上謹慎不放縱，我們會用心經營，全力以赴。這都是很多沒有老人家在後面念的初代創業家享受不到的一件事。我真心覺得是一種祝福，你認為呢？

PS

其實我最想表達的觀點是，換個角度看事情，真的很多感受都會不一樣！

成為高階主管的教練

我是廟祝，經理人就是廟裡供奉的菩薩。這個佛教聖地香火鼎不鼎盛，關鍵是菩薩靈不靈，而不是廟祝能不能幹。

從我知道工作職責就是經營管理的時候，我就不斷在思考，我是誰？我該如何領導這間公司？我能帶來的價值是什麼？

最好的學習從模仿開始。我大量閱讀管理書籍，但覺得這些大公司的CEO故事，各個都離我好遠。我能做事，但不認為自己擁有GE（奇異集團）前CEO傑克．威爾許（Jack Welch）般的卓越能力，帶領一間公司突破逆境、成為一代傳奇。我雖不笨，但也不認為自己絕頂聰明，能像賈伯斯（Steve Jobs）

一樣洞悉事物，進而顛覆產業、創造未來。諸多了不起的經營者，都是雄才偉略，一言定江山。但我知道，我不是。

我真的不認為我的個性適合那種領導風格，連要去模仿都太勉強，那我該如何定位自己在公司的角色？

找個機會，坐下來靜靜的分析一下自己吧！**我擅長溝通表達、有同理心，能傾聽他人說話，也善於激勵他人，那我就把自己定位為公司高階主管的教練如何？**

我召集了大家講故事，說我們公司就像是一個佛教聖地，山上有很多廟宇，廟裡面都有菩薩。我是廟祝，負責這座山頭的建築維護、灑掃清潔；而諸位高階專業經理人就是廟裡供奉的菩薩。這個佛教聖地香火鼎不鼎盛，關鍵是菩薩靈不靈，而不是廟祝能不能幹。當然，我這個當廟祝的不會偷懶，該做的分內事，一定盡心盡力做好，但是，最關鍵的，應該還是菩薩的表現呀！

我這廟祝就是各大菩薩的教練和顧問。教練並不是答案的給予者，而是幫助主角找出答案；教練也不是問題的改善者，但是我會協助主角發現問題並解決問題。簡而言之，**教練的職責就是協助主角，成為一個更好的自己！**

唯一要注意的是，「你永遠叫不醒一個裝睡的人」，如果發現有高階主管一直裝睡，那我們就需要展現老闆所擁有的權力來予以汰換了。如果老闆是公司最後的答案提供者，終究有一天，公司的規模將大過老闆能回答的能力。**但如果老闆是高階主管的教練，而且能透過影響力，讓更多的人成為他人的教練，那麼公司的領導與管理決策，就永遠不會是個問題**。角色定位，存乎一心，很多事情也許簡單，卻絕對不容易！

PS

雖然那些偉大的故事離我很遠，但是大量閱讀相關書籍，對經營管理真的還是有幫助的。

5

交代事情的五個步驟

當你想要交付或是授權他人時，一定要經歷五個步驟：一次說明加四個問題。教練之道無他，提問而已！

我個性開朗活潑，所以很多朋友覺得Sunny如果執行專案辦活動，應該是比較不拘小節、大開大闔的模式。但是跟我合作或一起共事後，很多朋友會對我做事或帶團隊，交付任務時追求細膩和溝通的細節重視，感到十分驚訝。因為有時我所想到的，會比一般人要多很多！

有人詢問我在帶團隊或執行專案時有沒有什麼心法？對於這個問題，我覺得最有效果的心法，就是去養成「交代事情五步驟」的習慣。

這並不是我個人什麼了不起的發明，早在數年前，諸多著作談日本人的領導哲學時，就已經被提出來很多次。但還是老問題，很多好的想法或理論，知道與做到，完全是兩碼子事！我很信奉「交代事情五步驟」的思維，所以我在交付任務給夥伴時，基本上都是用相同的脈絡。

一件事情，當你想要交付或是授權他人執行時，一定要經歷五個步驟，一次說明加四個問題：

一、**你先清楚說明交付的是什麼事情。**（這是講解，不是提問。）

二、**詢問：「剛剛交付的是什麼事情？」**（確認對方聽清楚了，沒有誤解、不會誤判，而且沒有聽錯。）

三、**詢問：「你明白我請你做這件事情的目的是什麼嗎？」**（確認對方清楚目標，目標只要清楚，在做決策時，就不容易偏頗。）

四、**詢問：「這件事在執行時會不會出現什麼意外狀況或問題？如果有，你的應對方案和計畫是什麼？」**（思考預備方案，以確保任務更萬無一失。）

五、詢問：「從你的角度來說，有沒有什麼想法或建議，可以讓這件事情更優化？」（讓執行者躬身入局，這不只是我交代的任務，更是你的責任，因為透過你的投入而執行得更好。）

絕大多數的老闆或主管交代事情，可能做完第一項就結束了，而且有時比較有官架子的主管，還會語帶恐嚇的說：「這件事情不要讓我說第二遍！」

為什麼交代事情要有五步驟？因為如果下屬執行有問題，他的主管可能會問「是誰授權（容許）你這樣做的？」講真的，如果在這樣的環境下工作，再怎麼有抗壓性的同仁，我想都會待不住。但如果你的夥伴，每次被交付任務時，都被你一件事訓練五次之多，隨著時間累積，任務經驗提升，在你的領導下，他應該是越來越聰明、越來越強大。教練之道無他，提問而已！

PS

天下沒有完美的事物，你說「交代事情五步驟」有沒有缺點？當然有，就是人家嫌你囉唆！囉唆的定義是什麼？其實也很簡單，就是人家不想聽的時候，你硬要講……。

6

修正比決策更重要

過去收集資訊做決策的能力已經不再重要，真正的關鍵在於，能不能快速的下決定，然後再依據環境變化去迅速調整修正。

十幾年前，我們有一批貨在非洲加工。一天，接到加工廠老闆來電，告訴我們他下個月薪水發不出來，我們有兩條路可以選，第一條路是工廠倒閉他跑路；第二條路是匯五十萬美金過去，廠賣給我們，他變成替公司打工，然後我們變成這個非洲成衣加工廠的新老闆。

他給我們兩天考慮，公司總經理——也是我親愛的老媽，其實沒想幾分鐘，就拍板說我們買了！接下來的數個月，就是派員前往非洲去大刀闊斧的整頓調整。幾年後，非洲已經成為公司成衣事業體的主力產區，員工數千人，還代表該國去參加國際品質獎的全球評選，我們成為非洲專家了。所以每次有人說我們投資非洲真是雄才偉略、眼光宏遠的時候，我都只能苦笑以對，還真的不知道該說什麼。

念商學院一定會被教導，如果要進行併購，一定要先有實地查核、債信調查等動作，但在下這個決策當時，我們對非洲根本就一無所知，就只是賭上一口氣而已！

我把這個例子用MBA的個案管理思維做成case討論，親身去體驗那個情境。但我發現，在同樣的情境下，我根本無法做出一樣的決策，這太需要靠個人特質了！對老媽總經理來說，她擁有第一代創業家的拚搏戰鬥精神；但是對我來說，我會先慮敗，再求勝。我根本不會做出太冒險的事！

過了幾年，當經驗變成智慧，我得出新的答案和解釋：**其實最關鍵的能力，並不是你下決策時，思考的決斷力，而是在做出決策後，能調整並快速修正的執行力。**

現在環境變化得太快了，在過去所謂的對，極可能是未來關鍵的錯。一個新技術或是新製程的發明，就會把一個產業的舊遊戲規則給顛覆掉。在這樣的狀態下，過去收集資訊做決策的能力已經不再重要，真正的關鍵在於，能不能快速的下決定，然後再依據環境變化去迅速調整修正，才是王道！

回到文章開頭談的那個故事，如果當時需要我拍板，不論那個廠我們有沒有買，公司都會繼續往前走，買了就去改善，沒買的話另起爐灶，只要修正速度夠快，我們就不害怕面對危機，不是嗎？

PS

在買下那個廠之後，我們在裡面發現了一位模里西斯籍的年輕人，和我們的管理經營理念不謀而合，我們便讓他當上管理職，協助整頓。數年後，我們成為非洲紡織服裝類的最大台商，而那個年輕人現在是我們帶領團隊一路成長，功不可沒的非洲區副總。

去河馬咬人的地方

對文化差異的尊重，是一間企業是否真正國際化的關鍵！

剛從非洲回台，這次（二〇一八年）世界紡織成衣大會在肯亞的首都奈洛比召開，剛好是我非洲產區的大本營，本次大會我等於是半個主場。來開會的兩岸代表團在行程安排上，都要求參訪我公司的非洲工廠，我亦受主辦的邀請，在本次會議代表台灣，分享在非洲的成衣廠投資管理經驗。

肯亞最近在台灣很紅，除了知名的動物大遷徙觀光季到了之外，就是之前河馬咬人的新聞，讓這個國家的知名度瞬間爆增。為何這次會議選在非洲開？此地正值經濟的高度成長期，每年經濟成長接近或超過兩位數，比起發展中的東南亞不遑多讓，讓諸多的資金及資源，都湧向這個過去以貧瘠戰亂著稱的黑暗大陸。

有利益，就會有衝突。在非洲，大家正在面臨美中兩個大國的博弈，有人比喻這很像清朝末年的列強割據，國家的精華地段劃滿了租界，經濟命脈的鐵路、港口其實都掌握在外人手裡，不論是中國的一帶一路，抑或是美國反制的印太策略，都還是帶著列強殖民的色彩。這也是我在這一次大會所大聲疾呼的議題。

在國外投資蓋廠這麼多年，我學到的是越來越謙卑。我們來投資，是希望藉由他們國家的相對優勢（常常是廉價勞動力或關稅優惠），來提升我們在全球市場的競爭力，我們不需要覺得自己是投資方而高人一等，也不用覺得我們擁有資本就是老大，而是互惠的。過去的我，如果講到當地化，我常使用「以夷制夷」來說明我的策略。但**平心而論，為何人家是「夷」，而你就是「天朝」？其實這句話的本身，就帶著歧視和自大**。很多時候這樣的心態，就是造成這些國家為何會有罷工潮與勞資糾紛的重要原因。

如同我常在專欄文章提過的，對文化差異的尊重，是一間企業是否真正國際化的關鍵！我在論壇上對數百位國際紡織成衣界的經營者提出呼籲，我不確定能影響多少人，但是只要有一個人願意聽進去而做出改變，或許那就值得了！

PS

兩岸近百人大團來參觀工廠，說我肯亞廠六千人，居然一個東方人都沒有，好厲害！其實我反而覺得都沒有才合理。我派一個台灣人過去，薪水高、不穩定，英文不夠好，三天兩頭想回家。我訓練一個非洲的年輕人，做事認真、拚命肯學，不止是習慣當地文化，用人成本還更低，當地化是多合邏輯的事情！那為何大家做不到？可能是台灣老闆們常常心魔作祟，老覺得「非我族類、其心必異」罷了……。

8

非洲同事的禮義廉恥

領導與管理，其實就是邏輯加常識，每個文化都有其底蘊和特色，但貫穿這一切的，其實就是人跟人的基本尊重。

我服務的企業旭榮集團，從事的是針織布料製造和成衣生產。由於產業特性，我們這些年來全球布局，最遠到非洲都有設立工廠，相信之前有看過我文章的朋友可能讀過那些設廠時驚心動魄的故事了。

幾年前有一次去非洲巡廠時，剛好偕同當地主管逮到一個工人偷竊，我們對他進行了處罰（處罰就是依據廠務法規公告罰款，非洲擁有全世界最完整先進的勞動法律，是不可能動用什麼私刑的；依據我們的投資經驗，越是落後的國家，其勞動法律越是先進完整）。隔天一大早，這個工人看到了我，衝過來大喊一聲「Good morning Sir」然後要擁抱我。我愣了一下，還是接受了他的擁抱。若是在台灣，如果你前一天被老闆捉到偷東西，隔天看到老闆，應該會遮遮掩掩，閃躲都來不及了，搞不好被捉到當天就提辭呈了，怎麼還會跑過來要抱抱？我忍不住問他怎麼回事。

「Boss，你昨天抓到我偷東西，也處罰我了對不對？我們應該是兩清了，Today is a whole new day.，你為什麼還一直活在過去呢？」他用英文回答我。

當下我真的是被教育到了。這個行為在台灣搞不好會被解釋成不知羞恥、不要臉。但是這後面所具備的思維，搞不好比我們想的更先進太多了。

在儒家思想的教育下，我們談傳統文化中的禮義廉恥、四維八德，君君臣臣父父子子，你犯了錯，基本上你就是帶罪之身，所以請你在行為上、心態上，都要顯露出這個「帶罪之身」的樣子！但是在西方，大家談的是合約精神、公平正義、在商言商、人權平等，我昨晚偷東西被抓，你懲罰了我，所以我們現在是兩不相欠，在法理上是一比一，我已經償還了我的責任了。

設想如果是一個台籍幹部過來管理這些工人，真的可能會因為文化的差異而水土不服，甚至引發暴動。在這個經驗後，我們有計畫的讓非洲的管理當地化，到現在，幾乎已經沒什麼台灣主管在那裡了。非洲自治、聘用當地人擔任管理職，而非洲的績效也在當地能夠因地制宜。在良善的管理下，訂單生產及業績也蒸蒸日上。

領導與管理，其實就是邏輯加常識，每個文化都有每個文化的底蘊和特色，但貫穿這一切的，其實就是人跟人的基本尊重，你尊重別人，別人就會尊重你。你高高在上，所對應的就是別人找到機會反抗。很多人問我海外設廠管理之道，其實就是這幾句話而已。

PS

那個非洲同事在前一天被處罰後，隔天看到我還想擁抱我，可見我平常對人真的還算不錯吧！

9

別高估了人性的善良

我們不能期待人性善良高貴的那一面，會自動在企業中發揮，這需要有好的制度，有好的強制力量介入，才能產生良性循環，自然而然形塑出好的文化。

俄烏戰爭開打，大家因此了解兩國人民數百年來的恩怨糾葛，更深深感受到「族群融合」的不容易！

在一場演講中，新加坡前副總理尚達曼先生（斯里蘭卡裔）提到：新加坡是一個多元文化、多種族國家（華人逾七〇％、馬來人、印尼、印度及其他），所以**政府明確規定，每一個社區，其居住的人種比率，都會有一定的限制**。政府部門用二手房的買賣做管制，一旦這區的特定種族配額滿了，這套房就不能再賣給該種族的人。如此，每一個社區，都強制性的確保了種族的多元性。

小朋友每天上下課，大人每天上下班，一定會和不同種族的人接觸，鄰居街坊，就是一個社會縮影。在這樣模式下，我們不能說因此沒有富人區或貧民窟，但至少沒有像歐美那樣的「純白人區」、「純黑人區」，這是確定的。

近年來，全球各地因種族歧視，發生不少衝突攻擊事件，但新加坡卻沒有傳出類似狀況，尚達曼先生認為這並非新加坡運氣好，而是**透過制度，改變了文化氛圍**。雖然有人批評這制度限制了部分個人自由，但從結果來看，是利大於弊的，因為每個人從小，都被「強迫」接受多元社會存在自己身邊的事實，久而久之，就形成多元文化的價值觀。

其實，公司治理某種程度上也是一樣的概念，我們不能期待人性善良高貴的那一面，會自動在企業中發揮，這需要有好的制度，有好的強制力量介入，才能產生良性循環，自然而然形塑出好的文化。所謂無為而治，看似很簡單，但要得到好結果，都是需要前提的。**就像利潤中心、阿米巴式經營法，如果沒有搭配協作的文化，公司就會分崩離析、每個人只顧自己，將讓企業無法高效運作。**

利大於弊就是利，每一個制度在推出後，所有的利害關係人都會與之博弈，會找出對自己最有利的生存點。人都有私心，趨吉避凶、向高處爬、擇群而居，甚至區分敵我，這都是再自然不過的選擇。身為經營者，在掌握人性與訂下合理制度間，要找到平衡點，做出正確的管理抉擇，設下那條線，是每個老闆要面對的關鍵課題！

PS

在不要高估人性善良的同時，也不要低估了人性的光明面與偉大。在這次戰爭中，透過報導，我們看到了很多捨己為人的犧牲，或是令人動容的感人故事，也就因為人是如此的複雜多變，這世界才會這麼多元而有趣，不是嗎？

10

疫情第三級後的領導思維

除了防疫的「防守」布局，更重要的，是主動「出擊」，創造團隊積極正向思維。

二〇二一年五月在台灣新冠疫情正式邁入第三級管制後，衝擊了每個人工作、生活和社交。除了服務餐飲業首當其衝外，一般公司的管理挑戰也立即顯現。在疫情下，我將最大的決策權下放給第一線部門主管（一般來說是經理職），包括了A、B班分流、在家工作的申請和執行、防疫照護假的協調等，**讓聽得見砲火聲的人來做決策**，**讓最瞭解現場的主管**，**成為資源分配的關鍵人**。

過去一年，我們為了今天發生的各種可能進行演練，為了實現在家工作，盤點軟硬體資源，整合公司內外部系統，甚至是進階版的教育訓練、狀況模擬及壓力測試，這些超前部署，如今都派上用場，讓我們在面臨挑戰時，公司依舊持續順暢運轉。

對經營者來說，**新冠疫情創造了過去想像不到的彈性與可能**，原來各部門，可以用這樣的方式來工作；原來企業並不一定需要這麼大的空間；原來過去必要且不可避免的出差支出，其實只是經營者自己放不掉的假設！這些都因為疫情翻轉了我的認知，突破了我的極限，讓我知道企業的營運還有如此大的空間與新模式，並對企業的資源重新盤點！

在最能確保同仁健康安全的前提下，各部門主管必須思考怎麼樣用最有效率的方式，讓部門功能順暢運作而不開天窗。企業對外的公關及行銷部門，必須及時提供客戶及夥伴最新的生產與公司訊息，用正確且即時的透明資訊換取信任。一樣的產業挑戰，面對一樣的困難和問題，你能夠做得比人家好，就能藉此拉開差距，更上層樓！

對企業最高領導人來說，除了防疫的「防守」布局，更重要的，是主動「出擊」，創造團隊積極正向思維。疫情一擴散，我們立即搜尋並選擇合適的防疫險替員工加保，告訴大家就算你有狀況，公司會提供堅實的後盾，讓你無後顧之憂。集團管理部門每日定期整合正確資訊，及正面激勵的消息，來鼓舞同仁，提升士氣。**在最黑暗的時候，領導人就是那道光，當大家在集體焦慮時，要帶來正向能量，才能戰勝挑戰。這就是企業面臨危機時，領導人最重要的自覺和責任，**因為要打贏這場仗，不能只是一個人的成功，而是要一群人的成功！

PS

疫情終究會過去，我們真正要面對的，是人心因未知而產生的「恐懼」。你是能帶大家渡過紅海的摩西？或只是忝居其位的偽領導，此刻見真章！

11

「雙軌制」組織管理

「雙軌制」讓總公司牢牢抓緊各地分公司的「人」、「錢」、「電腦」等關鍵要素，避免了我們全球布局而導致的「將在外、君命有所不受」的軍閥割據情況。

New Wide way[1]「旭榮之道」中有提到，我們公司的內部管理制度，有一個非常重要的關鍵字，就是「雙軌制」。全世界所有的旭榮分公司，最高主管的權責，通常由兩個人分頭負責，一個是行政職的主管，另一個是主營部門的主管。如果是在成衣廠，那就是現場的廠長（負責生產製造等廠務工作），還有行政經理（行政、人資、財務）。如果這個分公司是業務中心，那就是業務副總和行政大主管。

1 源自旭榮集團英文名 New Wide Group。

行政大主管，轄下就包含了總部六大功能，PR公關、HR人資、MIS資安設備、IT系統資訊、Finance財務、Audi稽核。其實這樣的設計體系，有在台灣當過兵的人一看就知道了，就類似軍隊的體制，一個連的主管和主官，連長和輔導長。

連長負責的是作戰的相關業務，也就是這個部隊最重要的工作。至於行政管理最高主管，由於每個公司的狀況不同，職稱和職級也未必都一樣，但是他們的功能都是類似的。

在體系中，這統籌六大功能的行政主管和當地的廠長或是業務副總是什麼關係？我給予一個比較特別的名稱，他們是「**戰略夥伴關係**」，這六類人和分公司的功能主管的互動，就如同戰略夥伴的合作，大家互相協助、互相扶持。

但是，這六大功能的直屬主管，是屬於總管理處的功能執掌，**我們運用矩陣的概念，讓各地方的六大功能，既同時對總管理處的大主管回報工作，也同時和各分公司的主營項目（業務、廠務等等）扮演合作關係**。總管理處的人資長會統籌各地方的人力資源，並切實貫徹總部命令，統一協調集團的人力資源布局。地方性的人力資源目標和集團一定會有不一樣的地方，我們尊重地方部分職權，但人力資源這塊一定是不能妥協的。**所有的人力資源資產，不是任何一個地方或分公司的主管所把持的，這是整個公司的重要資產**，搞不好過幾年，這個年輕人的發展可能性和職位都遠在他現在的主管之上都說不定呢。

總管理處的MIS經理和IT經理，會協調集團在資訊管理間的軟硬整合，並且可以跨洲跨事業體支援。而總管理處的財務長，會要求所有各分公司的財會單位獨立編製財報，我們才能清楚每個事業體的財務狀況，如果發現問題也才能夠快速反應處理，不會讓異常狀況發生而使企業失血過多。

雙軌制最大的功能，就是專業分工，讓專業的人才處理專業的工作，講白一點，如果我們一個地方的主管出缺了，我就找這一位職務的專職項目人才，其實是相對簡單的；如果成衣廠的車間大主管或是廠長出缺了，我就去找有能力的車縫管理人才。我如果要找懂車縫、懂管理，還要懂人資、懂資訊、財務，既是專才又是通才的人，有這樣能力的高階人才，早就自己創業去了，哪還需要出來找工作？

所以一旦職位有出缺，一方面用雙軌制的概念，人才會比較好找，同時間適才適用，也可以起到一個制衡的機制。重要的決策，可以經由不一樣的面向來做決定，沒有一個人有過大的權利。科長級以上的主管任免，需要透過雙軌協調的機制來共同達成決議，如果決議無法形成共識，那再報請台北總管理處來處理。這也是雙軌制存在的一個關鍵原因。**透過系統性的制衡，讓管理架構本身成為一個可以自身修正的力量**。

雙軌制的模式下，最困難的往往是各單位在現場第一線的功能性執行者，雖然在整個制度設計上，他的最終管理權限是歸總部管轄的，但平常上班天天見面的，卻是當地的行政主管。那如果行政主管的某些想法和總部不合的時候，該怎麼辦？

其實，這就要考驗文化的整合與年終獎金的發放權限了。我們讓地方上的主管參與意見，但是對於薪資及年終獎金的考核，原則上我們還是放在總管理處的大主管身上，**誰有蘿蔔、誰有棍子，通常誰就有說話的權利和管理的權限，這是千古不變的道理**。

平常的橫向功能群，是建有通訊軟體群組的，每月也都會召開功能性橫向的視訊會議，例如人資部門每個月都會有人資部門的月會，所有各公司的人力資源管理部門都會在月會上報告分公司近況，討論最新人資趨勢，協調資源分配或是支援的專案進度，最後整理一些需要跨部門協調的重點。

這樣的「雙軌制」系統建置，讓我們總公司牢牢的抓緊各地分公司的「人」、「錢」、「電腦」等關鍵要素，而避免了我們全球布局而導致的「將在外、君命有所不受」的軍閥割據情況。雙軌制的存在，增加了很多折衝協調的需要，所以在這種情境下做出來的決策，未必是一個最佳解，但是我可以保證的是，應該是一個大家都能接受的「優秀解」。

PS

適合比優秀更重要，這是我們這行業長久以來的一個概念。某些行業一個天才抵一百個平凡人，但我們這行卻需要大量的團隊協作才能發揮整體戰力！

很多年輕人會很疑惑自己在MA（培訓幹部）面試時表現這麼好，為什麼最後錄取的不是他？就代表他還沒有參透這個道理！

12

「共治」的文化

我們追求的並不是卓越超群的強大表現，取而代之的，是穩定扎實，不會有太多意外的常備狀態。

前文談到在敝公司旭榮之道New Wide Way中，非常重要的雙軌制，現在再談談另一個關鍵字「共治」。

我在〇四年到〇七年，旭榮之道塑造成形的時候，參考了各種知名管理系統與運作概念，包括台塑集團創辦人王永慶先生所倡導的經營合理化精神、美商奇異集團（GE）的人才培育概念、還有豐田的持續改善系統的做法，最後還加入了中國共產黨管理幅員廣大的中國所採取的「共治」精神。

在台塑，所謂的經營合理化精神，簡單的說就是管理制度化、制度表單化、表單電腦化。總結一句就是經營合理化，在合理化的過程中，去杜絕不必要的浪費，避免三呆「呆人、呆料、呆帳」的發生。

GE的人才培育系統，明確定義了一個主管的好壞，取決於他為公司培育了多少人才，而不是他為公司賺了多少錢。在這樣的氛圍下，整個奇異公司就會變成一個龐大的人才庫與搖籃，每個高階主管都在為人才培育而努力，也視發掘人才、培養人才為志業，讓奇異公司成為財星五百大CEO的搖籃。

豐田的持續改善，早在世界享有盛名。我們更著眼的，是豐田的內部研討會機制，透過提案和自我學習，讓公司及個人的重要議題被深度的研究學習，並且發表報告。透過這樣的方式，真正實現了「學習型組織」的概念。

最後我們所學習的重要對象，是中國共產黨的共治管理模式。在中國大陸，掌握最高權力的機構，是中共中央政治局的常委，總數為七人（以前是九人），政治局主席就是最高領導人。奇數人數的目的，是為了有投票需要的時候，一定會達成共識，做出結論。而這中共中央政治局常委的組合，也就是一個組織能夠集體領導的重要概念。

一個重大的決策，常常需要在「集思廣益」和「因過度民主而導致平庸」之間做出平衡的選擇，在這樣的情況下，參與決策的人數和層級，都是影響決策品質的關鍵。共治最重要的關鍵，是要避免因為一人決策而導致不可補救的毀滅性災難。再者，由於這些關鍵決策都有大家的身影，所以在推行時，大家的參與和熱情也都更容易有一致的共識和方向。

「共治」所提出最重要的觀點就是「穩定」。對我們紡織製造這樣的輕工業來說，我追求的並不是六標準差（six sigma）如精緻工業產品般沒有一絲一毫的差錯，但今天一百分、明天八十分的打擺子生產品質，也不是我所樂見。我寧願這個廠每天都常態保持八十五分，品質非常穩定，這樣才能穩定的創造利潤。而共治的概念就是為了這樣的目的而生。

除此之外，每個地區的最高指導機關，就是當地的經營管理委員會。這個經營管理小組，除了討論公司的重大經營、採購案之外，最重要的，是人事任免等職責。在各分公司，某個層級以上的人事任免，一定要透過當地的經營管理委員會決議才能算數。**這樣的做法，一方面可避免人事權獨大，另一方面也讓中高階幹部的任免公開並可受公評，在公司治理上增加透明度。**

我們通常會在經營管理委員會下設置一個人事評議會，簡稱「人評會」。所有人事上的升遷任免，都會由人評會來執行。人評委員意見中，台北總管理處也占了關鍵一票，而且具有否決權，但是並不會輕易動用。

每一位關鍵同仁的升遷，都會有很完整的SOP（標準作業流程）來檢視其過程，並且讓當事人充分的陳述與表達，還有主考官的詰問和測試，也全方位的讓協作單位對此人進行評分及考量，才會有最後的結果。由於決策過程完整和鋪陳嚴謹，所以每一位升遷同仁的個性及其優缺點，以及後續橫向單位該怎麼支援和幫助他，基本上都已顯露無遺，這也是「共治」文化所帶來的好處。

在共治的精神下，我們做出來的最終決策，儘管未必是「最優解」，但應該會是一個「相對較適解」。在共治的條件和模式下，我們追求的並不是卓越超群的強大表現，取而代之的，是穩定扎實，不會有太多意外的常備狀態。

由於公司全球化運營的供應鏈及補給線很長，與其追求個別單位的績效卓越，卻起起伏伏，倒不如用一個更穩定的模式來讓整個供應鏈穩定輸出、創造價值。我不希望這個全球運籌帷幄的供應鏈有太多意外，太多不必要的驚喜，所以我寧願犧牲一點點的績效，來換取長期的穩定輸出！

所以在「共治」的精神下，我所挑選的行政管理主管群，以及參與這個經營管理委員會的成員，都被要求有強烈的團隊精神和協作能力。這樣的概念就不適合單兵作戰、英雄主義太強烈的個人特質。而這個挑選主管的動作，是老闆和企業經營者責無旁貸的權責。

PS

共治如同股權相當的合夥生意，要經營真的需要智慧。最關鍵的概念是「除非傷及企業生存命脈」，否則只要做得到，就盡量滿足其他大股東的需求。你越讓利，讓別人贏，這個共治的合作架構就會越穩固！

13

越級報告的迷思

越級報告，是傳統金字塔組織下的觀念，當組織是三百六十度的充分平行溝通，幾乎不存在「級」的時候，也就沒有「越」的問題了。

前一陣子進行公司內部教育訓練，一位績效不錯的老總提到「越級報告」的問題。他負責工廠的行政管理，但工廠的中級主管卻直接跟總部老闆（哈哈，其實就是我）報告工廠管理不足之處，他認為應該先在廠裡商量，再一起呈報，或尋求解決方案，這動作讓他很受傷，認為自己的管理能力被否定了！

其實，我在設計公司組織架構時，就已經不存在「越級報告」了。企業內部有週報制度，所有經理級幹部都要交週報告，他的直接主管是主要回覆人，但是要副本給老闆和其他單位；年終時，所有集團同仁還要繳交一封信給公司，由總部人員親自來收，不經過各地管理階層轉交。這些制度，都是為了體現溝通無層級的精神。

越級報告，是傳統金字塔組織下的觀念，當組織是三百六十度的充分平行溝通，幾乎不存在「級」的時候，也就沒有「越」的問題了。在傳統階級組織下，管理階層因層層授權、分層負責，資訊流容易被阻斷，當有人謀不臧或管理失當時，聲音是傳不出來、聽不見的。所以古有欽差大臣，現大陸有中紀委，台灣有政風單位，專門去各地抓漏除弊。

如果組織可以做到高度扁平、全球協作，將傳統金字塔組織拆成平面，就如同區塊鏈一樣，資訊流通無礙，而且不會被竄改，所有管理決策從各地最基層到總部，完全透明公開，可讓一家大型的國際企業變成一個反應迅速的有機體，面對詭譎的市場變化、難以預測的黑天鵝等，都有更強悍的抵抗力與生存能量！

這也是在大智移雲[2]的新經濟下，未來企業的生存之道。企業的經營，就是呼應外在環境對我們的需索，你要比對手更快，你要比對手更能容錯，你要比對

2 為大數據、人工智慧、行（移）動通訊、雲端處理的簡稱。

手更頻繁對市場進行測試並且改正！唯有如此，才能讓企業永續的往前走下去。

PS

不論你是在上海、非洲或越南的人力資源部門上班，在我們公司其實你都在同一個部門，只是上班地點不一樣。總管理處從人資、財務、公關、MIS（資安設備）、IT（系統專案）等，全世界的同仁，透過科技連結能力全球協作，不因地點地區不同而產生任何資訊流、決策流的隔閡，如果組織是這樣設計，何來越級報告呢？

14

數位轉型獎

旭榮的數位化是由下而上推動的，由於這是全體同仁的共識，所以推動時沒什麼意願的問題，也沒什麼抗拒的問題。

日前《哈佛商業評論》舉辦了第一屆數位轉型鼎革獎，針對數位轉型成功的企業進行評選，總共有二百零五件報名參選，我服務的母企業旭榮集團，獲得智慧製造類的楷模獎。

在台灣，一般人都對「數位化」賦予太崇高的定義，其實這就是企業要活下去的一條路，或者說是「生存」的關鍵字。最早這個關鍵字是「效率」、「品質」，後來是「創新」、「速度」，而在這幾年，這個關鍵字變成了「綠色永續」和「數位化」。早上頒獎典禮後，我受邀在午後的論壇，分享旭榮數位轉型成功的關鍵。

我們的數位工具是自己寫的，因為紡織產業的製程太繁瑣，很難有一個套裝軟體可以全面滿足需求。公司後來決定自己寫，成功的關鍵是我們有別於多數的軟體顧問公司，用「訪談」的方式去瞭解需求。

之前有著名的失敗案例，德國的ERP（企業資源規劃）大廠派出原廠工程師來台支援，對使用者做訪談，然後依據訪談結果來寫應用程式。因為工程師是德國人，所以這個訪談是把訪談內容變成英文，然後英文再轉成德文。我當下聽到這樣的說法就知道，這個專案應該會推得很辛苦。

在旭榮，我們寫染整製程的相關軟體時，是請負責的IT人員親自蹲點，擔任染色科的成員，實際操作、在工廠輪班，當然在公司端我們也要付出相對的報酬和得以匹配的薪資來表示感謝。而**當軟體人員親自成為操作者，以第一手的方式去瞭解整個系統是怎麼運作的，寫出來的程式工具才能真正符合所用。**

接著主持人問道，當時是怎麼訂出這個戰略的？歷經怎樣的過程？其實，**旭**

榮的數位化是由下而上推動的，我們每七年開一次內部研討會，透過公司每一個員工集思廣益，思考與研究未來的策略方向，最後總結出來的。這並不是老闆雄才偉略、英明神武去創造出來的結果。

老闆扮演的角色，只是協助梳理、搬開石頭，然後 make it happen！由於這是全體同仁的共識，所以推動時沒什麼意願的問題，也沒什麼抗拒的問題，我們所需要的，就是專業投入和時間，透過大家的集體努力，達成我們需要的目標。

主持人最後詢問，公司數位化未來面對的挑戰是什麼？其實答案很簡單，我們這行是打群架的，單一個企業做好沒有意義，必須要協同上下游、整個供應鏈一起轉型提升，才能夠創造真正的價值。這也是我們正在努力的方向，透過資訊分享與建構，拉著供應商一起向前走。或許我們沒辦法改變產業裡的每個人，但就像我同時從事的天使投資一樣，只要有「要改變」的起心動念，你就看得見改變，看得見希望！

PS

當時主辦單位也同時力邀我報名「數位轉型領袖」這個獎項，但我認為，公司的數位轉型，是每一個人投入努力的結果，這個成功，不應該歸屬於個人，所以個人獎項不符合企業所推動的精神，我便婉拒了邀約。講真的，如需頒獎也應該是頒給執行力超強的總經理老媽，而不是寫專欄動嘴巴的我，在此將這個獎，獻給所有參與數位轉型的旭榮同仁夥伴！

為什麼你們不上市？

道瓊工業指數當年十四家成分股，經過百年洗禮，全被踢出成分股。所以如果要以公司上市是為了永續經營來說服我，真的不具說服力！

為什麼你們不上市？這個問題從十多年前旭榮具備上市資格起，我可能已經被問了上百次！多年來，很多證券承銷商告訴我，公司上市是為了永續經營；我總是笑著告訴他們，美國道瓊工業指數，從一八九六年公布後到現在，當年十四家成分股，經過百年洗禮，最後一家奇異電器，在幾週前終於被踢出道瓊成分股了[3]，而其他十三間當年的超大企業，都已經掃入歷史的洪流中。但是在日本、在歐洲，百年以上的私人家族企業卻比比皆是，所以你如果要以公司上市是為了

3 奇異於 2018 年 6 月 26 日起自道瓊成分股除名。

永續經營來說服我，事實擺在眼前，真的不具說服力！

上市公司與家族企業，優缺點利弊互見。上市公司相對籌資容易、知名度高、找人才易，以股票作為激勵分紅手段，這是近代公司治理上的重要制度。但大家沒見到的是，**很多高階經理人股票現金入袋，就選擇淡出了，或是為了討好資本市場，戰略決策顧及個人績效，公司治理變成走短線，而有礙於長期計畫的擬定！**

對短期績效的重視，並非經營者夠不夠傑出或誠信的問題，而是在巨大經營環境壓力下，一旦公司上市之後，面對諸多的利益糾葛與股東權益，無數的質疑與挑戰，可能很多時候，連有多數股權的老闆都熬不過去，更遑論專業經理人。

當然，所謂上市公司與家族企業並不是光譜的兩極端，「上市」兩字應該針對的概念是「私有」。通常私有家族企業，決策迅速、股東結構單純，我們所做的一切決策，都是對自己負責，**因為少了股票價格波動和市場的干擾，公司運營應能更專心、更看重長期發展，這也是私有家族企業的特色**。

很多上市公司，如果經營得好，還要怕人家透過買你的股票來搶經營權，如果經營得不好，股價低迷，還要想辦法護盤拉抬股價，甚至借錢來繳稅，創造假的榮景，這都是為了顧面子所做出來沒有意義的事！

我們公司做決策一向比別人快，與其說我們是一個家族企業，倒不如說我們是一個企業家族吧！我們並不是企業服務於家族，而是家族服務於企業。因為我們家的每個份子，都算是稱職的企業經營者，也剛好在職位上有所發揮，而形成得天獨厚的優勢。**如同管理與領導，一間公司無論上市或私有，各種企業經營方式沒有最好，只有最適合。**

PS

這世界本來就沒有絕對好與壞的事，在承襲父母親給我的觀念裡，「賺得久」比「賺得快」更重要！資本財和管理財，我選其中一種專心去做。當然有少數人兩種都能兼顧得很好，我也佩服他們的能耐，只是我很認同老爹說的：想領錢，就挽起袖子來流汗吧！

16

你可以選老闆，但不需要挑同事

選老闆很重要，因為他決定了你未來是否能大展鴻圖；但挑同事，甚至因某同事而負氣離職，則大可不必。

我和朋友成立的「識富天使會」，這些年媒合了數十家新創，我也同時扮演顧問的角色，為新創企業家們傳道解惑。有位新創團隊執行長找我諮商，希望我跟他手下大將聊聊，因為人際問題，這位大將提出辭呈。我聽完前因後果後，問這位當事人，你喜歡這位老闆嗎？他說，我非常欣賞老闆，而且真的很喜歡這間公司，但是我跟某某某就是沒辦法相處。我又問，你覺得某某某他一輩子都會和你一起工作嗎？他沉默了一下，回答說，應該不會。

對了，這就是我要的答案。你可以選老闆，但不需要挑同事。如果你在一間大企業服務，老闆天高皇帝遠，和你可能沒什麼關係；但如果你在一間新創公司，老闆（通常是創業者）通常和你命運相連，他的格局、氣度、視野，往往決定公司的未來，所以跟對人很重要，千里馬需要伯樂，人才需要舞台！

同事則不一樣，大家來自五湖四海，不同家庭或教育背景形塑出每個人不一樣的價值觀（連同父母生的手足都差異極大，更何況是萍水相逢的工作夥伴）。在職場如果能遇到肝膽相照、相知相惜的夥伴，那真是天上掉下來的福氣；但不論何種環境，總會有幾位不是那麼對盤的同事，這絕對是辦公室的常態。**職場生涯就如同一趟火車旅程，每個人上下車的站點不同，有人早下車、有人晚下車，只有極少數人會和你一起從頭坐到尾！**

選老闆很重要，因為他決定了你未來是否能大展鴻圖；但挑同事，甚至因某同事而負氣離職，則大可不必，因為他和你可能只是短暫的交集，也許他會先離開，也許你表現傑出，成為他的上司。未來有太多種變化，同事只是人生的過客，合拍則多多交流，不合就保持工作往來即可，要理解這只是一個過程。

聽完我的說明，那位大將打消了離職念頭，在工作上發揮得非常好，而和他那位不對盤的人，則因為人際方面的障礙，一段時間後就自請離職了。

人生的競爭，其實就是觀念的競爭，一念之間，天差地別，當你觀念正確，往往天助人助；觀念不正確，就會離目標越來越遠，與大家共勉之。

PS

「你應該要選老闆，但不用挑同事」這句話其實是我那位有智慧的老爹傳授的心法。老爹提到，在發生事情的當下，你就把思考的時間縱軸拉長，用五年後的你，甚至十年後的你的心態來回頭看現在，很多時候，答案往往就很清晰了。

17

不要急、不要怕、不要停

不要急，因為急不得；不要怕，因為你沒什麼好失去的；不要停，因為哪怕你的生命終結在向上提升的道路上，不也是一種福報嗎？

在我服務的母企業旭榮集團，二〇二〇年慶祝四十五週年的前夕，我特地引進了一套新的教育訓練機制，讓公司的氛圍發生了根本性的變化。

過去公司內部所有的教育訓練，都著重在知識性、操作性、實用性。用比較淺顯的話來說，我們真的是衝鋒陷陣的海軍陸戰隊，可以在最窮山惡水的產區投資，克服萬難、創造績效。我們會在各種險惡的環境中，打敗金融海嘯、營收創歷史新高，很多人體會是很強烈的，我們就是一個紀律嚴明的戰鬥部隊。

當課程的破冰時間開始，課程老師下達指令，請每個人和在教室裡的夥伴，盡可能的和最多人擁抱問好。現場夥伴在沒有專人指揮調度的情況下，所有人極有共識的快速形成了內外圈兩個同心圓，兩圈開始以不同方向轉動，結果在最短時間內，所有人都互動到了，擁抱到了！事後，課程老師對我們公司極度讚歎，評價道：很少見到這麼高效又有紀律的團隊。講幾點幾分上課，大家都能在數秒之內集合完畢，絕不拖泥帶水！

帶領這麼有紀律的戰鬥部隊，我心裡想的卻是另外一種層面，完全不一樣的方向。大家在效率已接近極致的同時，我們還需要什麼？缺乏什麼？

我所想到的是，一間好的公司，關心的絕對不僅僅是員工能為你創造多少利潤，更重要的，是他能不能快快樂樂、身心靈健全的，在這個企業中好好的工作生活。

身與心，是大家常常朗朗上口的，但是要做到「靈」的修養，就真的是很高的境界了。**我希望能讓企業成為一個修習的道場，企業內的同事，其實都是同修**。有的人可能需要修煉對部屬的轉念，有的人可能需要修煉對溝通的換位思考，有的人更有可能需要修的是對權力與利益的眷戀。而我個人要修煉的不只是經營管理，更重要的是與父母的關係。

人人各有課題，處處皆是挑戰。所以我用幾天的時間，以全集團分梯舉辦的方式，讓大家來探討一些最根本的問題，導引大家成為一個修習者。課程結束後，我在多數同仁身上，看到了巨大的轉變。

我問老師，對於「在工作道場中修煉」這件事，給大家最好的建議是什麼？他只回答我三句話，九個字。「不要急、不要怕、不要停！」如此而已。

PS

本次課程的成功主辦與推動，我特別要感謝活學文化志業的夥伴，還有我最尊敬的金惟純老師，當他講到這三句話時，我感受特別深刻！不要急，因為急不得；不要怕，因為你沒什麼好失去的；不要停，因為哪怕你的生命終結在向上提升的道路上，不也是一種福報嗎？

18

小樹市集

在經營企業的現場，做為最高領導者，動口批評他人、到處放砲，真的是一點都不算難事！但知道不代表能做到。

前陣子，我們抽籤抽中了小樹市集的攤位，這是一個親子用品二手市場拍賣的擺攤權，一年舉辦兩次，讓家裡有小朋友的家庭可以把小朋友長太快，然後很多已經用不到的鞋子、衣服、玩具等，用便宜二手價賣給有需要的人，循環利用不浪費。另一方面，我們也讓小朋友去幫忙擺攤叫賣，當一下小老闆，除了體驗做生意的感覺，感受一下要怎麼擺攤叫賣之外，也有助於建立金錢觀念，至少要知道錢真的不好賺！

週末午後剛好是大晴天，上百個攤位就在圓山花博的空地上開始整理布置。擺攤前我還在想，趁小朋友們都在，展現一下老爸的功力，畢竟常年在外面演講、分享企業銷售經驗，還在好幾所大學教書上課，暢談行銷學、對客戶服務及人際互動的心理學也自認為是信手拈來，一些相關知識與概念熟到不能再熟了。

人潮開始聚集，來逛的客人絕大多數都是家庭，最多的就是婆婆媽媽們推著嬰兒車或帶著小朋友來尋寶。我這時才發覺，平常在課堂上舌粲蓮花的那一大套理論，竟然一點都派不上用場！面對婆婆媽媽們的詢問，甚至小朋友買東西的殺價，我真的是左支右絀、窘態百出！轉頭卻見我家老婆大人，如同八爪章魚同時服務三、四組客人，游刃有餘且絲毫不見疲態：「這一件是我們在弟弟兩歲時買的，當時就是看準了這個材質……，」「你們也會遇到……問題對不對，所以我後來……，那這樣，這個應該很適合你，」當真是大殺四方，不斷的服務、講解、成交、收錢，串起整個攤子的現金流！

反觀我到最後，除了幫忙開車、搬東西，只剩下大聲吆喝「來喔！來喔！」「好貨統統隨便賣！」在銷售的現場，我幾乎沒能幫上什麼忙，賣玩具的小朋友可能都比我還厲害。

「聞道有先後、術業有專攻」，擺攤結束後對老婆大人佩服得五體投地，更是深刻檢討自己動不動就想要「動口」指導他人的習慣，在經營企業的現場，做為最高領導者，動口批評他人、到處放砲，真的是一點都不算難事！

很多時候，我們以為自己全知全能、掌控全局，但知道不代表能做到，如果有機會換你親自下來做做看，就會知道是怎麼回事了！

PS

擺攤結束後，大人是腰痠背痛、身心疲憊。問問小朋友對於擺攤的看法？小朋友卻說「我喜歡擺攤，我不會累！」是呀，如果你開心的去做你喜歡的事情，就不會覺得累，小朋友的回答其實很蘊含哲理，不是嗎？

19

讓客戶贏

當你把思維的重心放在自己身上，服務現場所呈現的，就會是那些「嫌惡」或是「自我保護」的用語和畫面。

認識紀執行長已經有一段時間了，在每次Workface創業者社群的學習活動中，常常能見到她的身影。日前在一個「新創企業如何面對疫情的挑戰」的線上研討會裡，有別於諸多名校背景創業者或是大智移雲技術加持的新創項目，這家喬米時尚美學是最傳統平淡的美容業，但她們對於疫情的應對與看法，讓我留下很深刻的印象。

美甲美睫、紋繡除毛，這些傳統的美容領域，基本上會是第二波受影響的服務業，在研討會中，我們聽到的做法多數都是用「折扣」與「活動」等方式來刺激消費，但這位執行長提出了不一樣的看法：

一、**重新檢討服務的流程與SOP**。她提到絕大多數的服務業，或是各大樓飯店的大廳門房，現在看到你就是要量體溫，然後要你把手伸出來噴酒精消毒，但幾乎沒有人問：「您會不會酒精過敏？」如果有過敏的話，店內同仁會引導客人去洗手，達到一樣的效果，但是多了這句問候，感受真的會差很多。

二、**不靠折扣刺激消費，而是從小成本但符合時勢的切入點下手**。如果你拉低金額去刺激消費，效果就和做團購一樣，當你調回原價，客人就會離開。你做了什麼動作，就吸引什麼樣的客人，所以重點不應該在折扣上，而是應該創造和其他同行不一樣的差異。她們在店裡製作了很精美的「口罩暫存夾」和「防疫禮包」，只送不賣，成本雖低，但效果奇佳。如果同行的服務都差不多，這個小小的優勢，就會帶來很大的不同。

三、**製作影片來說明不是要你消費，而是用專家身分告訴你，你應該要注意什麼？然後我們能為你做什麼？**多數的影片行銷都是在講自己服務有多好、設備裝潢有多先進，但其實在疫情肆虐的情況下，這早已不是大家關心的重點。他們製作影片，用專業的美容背景告訴你，「使用各種消毒方式的同時，如何保護雙手。」同時不以嫌惡的方式，告訴體溫很高、有出國史等等的客人，請不要來消費；反過來的是，我們已做好了準備，在你最悶的時候，來這裡消費是一種放鬆、一種快樂的氛圍，用正面的情緒強化，來替代負面的訊息傳遞。

這一切的關鍵思維，就是「讓客戶贏」，讓她覺得來你這裡，她受到了重視，而這個重視不單單來自於用負面方式的呈現，更多的是嘗試用溫暖的切入點，讓妳感受到被重視，也讓妳感受到溫暖和尊榮感。

當你把思維的重心放在客戶身上的時候，所對應的呈現就會如此；但如果你的重心是放在自己身上，服務現場所呈現的，就會是那些「嫌惡」或是「自我保護」的用語和畫面。呈現效果，存乎一心！

會議現場大家深表佩服，我們常常講「危機」兩字，危機發生後，有人看到危險，有人看到機會，請問你看到了什麼？

PS

私下請教這位執行長，她是如何想到這些做法的？她謙虛的表示，除了公司有很強的顧問之外，這些並不是原創，她也是到處學習抄來的，「抄一個人叫抄襲，抄十個人叫整理，抄一百個人就叫創新。」這句話真的很有道理。

Part II

【天使投資篇】

錢也是有情懷的

我先後創立了 Workface Taipei 和識富天使會來支持新創領域，
但我們的團隊認為，天使投資絕對不僅僅是金錢遊戲，
更需要利他的情懷，還有對這些信仰的執著。

20

迎接天使投資新世代

「成人達己」然後「讓別人贏」，是我們成立識富天使會，走向天使投資的最關鍵目的。

在創業領域的投資輪次中，較偏向早期的「種子輪」及「天使輪」投資，長久以來往往被視為「死亡低谷」，由於其高陣亡率，以及諸多的不確定性，都為投資人帶來很大的挑戰。

我的紡織本業在全球業務擴張上有了初步成就之後，二〇一四年開始投身新創領域，創立了台灣最大的創業者社群Workface Taipei。起心動念，只是想為台灣的年輕世代盡一分心力，促進資源的流動與連結，在德不孤、必有鄰的效應下，Workface Taipei 迅速擴張茁壯，跨出台北，在新北、新竹、台中、高雄遍地開花，串連起許多當地的新創資源及創業者。

後來我慢慢發現，其實新創公司最需要的，就是資金和資源，如果我們只是提供大家串連的機會，而少了啟動成長的柴火，最後極可能還是落到相濡以沫的境地，大家雖然用微薄的力量彼此連結，卻無法真正將新創提升到下一個層次。

有鑑於此，我們再度連結了有想法、有資源、有情懷且願意投入的一代企業家、二代經營者及投資人，成立「識富天使會」來支持新創領域，用天使投資俱樂部的模式，將資源和資金帶入新創產業。

其實採用天使投資俱樂部的形式來合作投資，在美國存在已久，在中國甚至可以用遍地開花來形容這樣的投資熱潮；但是在台灣，相對來說比較缺乏系統化、規模化的運作，放眼台灣，還真找不到幾個機構能夠做得好，識富天使會便是在這樣的背景下成立。

與其他創投機構不一樣的是，因為我們本來就有 Workface 創業者社群的運營經驗，再加上識富天使投資平台的加持，反而很自然的形成了一個前所未有的

新創投資生態系，因而能做到過去很多願意投身於此的前輩所做不到的深度與廣度。同時間，經過內部討論，我們也想改變台灣一般在天使投資或創投界的習慣，用一種不一樣的面向與心態，來面對投資者與投資項目之間的關係。

一、**對於股權，我們並不要求換取過多股份**。股權太多就變聯合創始人，但我們只想當天使投資人，不是聯合創始人；我們不管太多的細節，否則投資越多生活越不快樂，那就太辛苦了！能夠做到這件事，最重要關鍵，就在於要放棄「利潤極大化」的思維，而這是一種對基本人性的試煉！

二、**我們以「貴人」的概念，來扮演這個角色**。比起「錢」，我們更重視的，是能帶來關鍵資源和人脈。所以我們摒棄了傳統的「導師」概念，常態下所謂的導師，是過去數十年戰功顯赫的老將軍們，用他過去二、三十年的成功經驗，告訴你未來應該幹什麼。但是你之所以創業，就是因為看到了不同的未來，看到 something new, something different！很多時候，許多未來的新契機可能因為傳統的「導師」制度，而讓這些過去數十年戰功顯赫的專家變成了 backseat driver，讓一番美意反而變成了創業的災難！

我們希望調整路線，讓識富天使會的天使夥伴**以「導盲犬」的角色陪伴創業者，導盲犬帶主人去辦事，但其實只有主人才知道要去哪**，狗是不會知道的，但是導盲犬卻能夠帶主人過馬路、上公車，避危險。相同道理，創業這件事，也只有創業者自己才知道他想去哪裡，而我們天使投資人只需要扮演從旁協助的角色即可。創業這件事，畢竟是創業團隊的責任，主客之分還是要清楚。我們只會問，我可以為你做些什麼？然後剩下的，就是創業者人生的奮鬥目標了。

識富天使會成立至今，透過平台及連結，我們已經出手了超過四十個項目，也連結了全台諸多成功的孵化器、加速器與投資平台。在過去，台灣的名字出現在世界舞台上時，不是立法院打架，就是台海戰爭危機，比較少有極正面、加分的模式，讓「台灣」這個品牌傳遞出很正面的形象和力量。但最近由於防疫成功加上美中關係的緊張，過去從中關村直通到納斯達克的那條從新創到資本市場的供應鏈斷鏈了；加上各國印鈔救市，資金也需要尋找停泊項目，種種原因相乘，造就了台灣新創投資領域的一些新契機。

在這個黑天鵝環伺，疫情籠罩的特殊時期，就如同《雙城記》開頭所言，

「這是一個最壞的時代，也是一個最好的時代。」天使投資在台灣面臨了一個全新的轉折點，大智移雲的新技術提供了動能，新冠疫情的全面襲來，則創造了新場景，而我們天使投資人的參與，就是最關鍵的催化劑！

「成人達己」然後「讓別人贏」，這就是我們成立識富天使會，走向天使投資的最關鍵目的，天使投資絕對不僅僅是一個資本的金錢遊戲，我們相信，除了過人的膽識、識人的火眼之外，更需要利他的情懷，還有對這些信仰的執著。希望藉由大家的投入，更能讓台灣的天使投資領域再造新局，還是那句大家熟悉的老話：如果你要走得快，可以一個人走；但是如果你要走得遠，那我們就一起往前走吧！

PS

新創圈有個笑話，一創業者拿二十頁PPT簡報去跟一位老闆提案，希望他能投資兩百萬。老闆聽完後說，那這樣好了，你二十頁簡報跟我要兩百萬，我給你四十頁PPT，那你給我四百萬好不好？台灣人太務實，市場也不大，所以不喜歡談理想，只喜歡談生意，談很現實的東西。這沒有不好，但是我想改變這件事，很多事情還是有可能性的！

Workface Taipei

識富天使會

21

Backseat Driver

能夠避免變成backseat driver最重要的心態，就是縮小自己、讓別人贏！讓創業者贏，不是讓自己的自負、自大、和讓自己爽的心態贏。

相信很多朋友都有類似經驗，你在開車，你的伴侶或朋友坐在副駕駛座或後座，你在開車，他在碎念，可能是抱怨速度，可能是抱怨路線，最可怕的是在通過十字路口時，他會大喊「ㄟㄟㄟ，這裡右轉」，然後在差點發生車禍的情況下你硬轉了過去，他卻說「歐！看錯路了，是下一路口」，你很生氣的跟他抗議，他卻用更大的聲音回你「開車的是你，難道你都不會看路嗎？」

英文中的 backseat driver 指的就是手上沒握方向盤，但老喜歡對司機下指導棋，指指點點、發表意見的人。有趣的是，通常 backseat driver 很少意識到自己就是 backseat driver，就好像在副駕駛座的指導員，很少覺得他們自己囉唆擾人，反之他們常會認為他們所提供的是中肯且被需要的建議，無論內容有沒有實質的建設性。

在新創領域中，這樣的例子更是屢見不鮮，新創業者在成長的過程中，克服困難、披荊斬棘，要面對諸多挑戰，所以**傳統的「導師制」會面對一個重大風險：諸多的創業導師或是教練，變成一個搶戲的 backseat driver！**

其實 backseat driver 的問題，追根究柢，最關鍵原因往往是我們常常過度放大了自己的重要性，而忽略了別人。我們其實瞭解多數創業者之所以創業，就是看到了現有狀態無法滿足的缺口或痛點，我們可比喻為他是負責開車的人，駛向他所判斷的正確方向和路線。當然，中間的路徑一定會因應環境變化而有所調整，但是這雙掌握方向盤的手，一定要很堅定、很確認，才能夠駛達他所認同的彼岸。

但是太多的創業導師有時會忽略「**對於創業，創業者本身才是主角**」這件事，因為自己在過去的眾多歷練經驗、生活體會、管理心得中，我們不自覺的放大了自己的重要性，認為我們所說的話都是有意義的，所做的建議都是對的，如果對方沒有聽，那就是他的損失、他的問題，因為這樣的心態思維，而成為 backseat driver，提供過多不必要的建議，增加事件的複雜度，甚至主導專案的發展，輕則反客為主、重則鳩占鵲巢（這種事在大型 VC 投資案中可說屢見不鮮），原來美事一樁的新創投資，就成為令人抱怨的遺憾了。

好為人師，乃是諸多成功者的天性。在協助新創的路途上，很多時候「聽」比「說」來得更重要。其實或許創業者不一定需要這麼多建議，他自己知道路途遙遙、挑戰眾多，而他需要的，只是精神陪伴與資源支持。

「別領我行、別跟我走、在我身旁、做我摯友」，這是我們天使會的大家所認同的投資心法。其實，能夠避免變成 backseat driver 最重要的心態，就是縮小自己、讓別人贏！讓創業者贏，不是讓自己的自負、自大、和讓自己爽的心態贏。

PS

所以當我看到沒結過婚的兩性專家在電視上夸夸其言、年齡沒超過六十歲的養身專家現身露面侃侃而談，沒創過業的管理大師在創業論壇裡口沫橫飛的時候，或許他們講述的內容聽起來很有道理，但我心裡總忍不住會想起，四位諾貝爾經濟學家合組公司，盛大開幕，全球轟動，然後在一年內就宣布倒閉的故事。

22

白手起家的創業陷阱

白手起家的創業者一旦略有成績，有些會表現出強烈的補償心態，甚至變成「成功暴發戶」，讓自己的學習能力被封印，不再成長。

這幾年以識富天使會投身天使投資領域，接觸上千個新創企業與無數的創業者，發覺有些創業夥伴會陷入「白手起家的戰鬥思維」而不自知。白手起家的確令人尊敬，但如果陷入了「這就是他認知的唯一成功模式」，就會變成創業的陷阱。因為自己是從地面打滾上來的，腳踏實地，卻忘了仰望星空，這段創業之路，就會走得異常艱辛。

在創業生涯中，赤手空拳打天下真的非常辛苦，在什麼資源都沒有的時候，為了生存，奮鬥路上受盡冷嘲熱諷，大小眼沒有少見過、閉門羹沒有少吃過，力爭上游的同時，也看盡了社會冷暖，如果上天眷顧，加上自身的努力，而能存活下去時，有些創業者便會將這些經驗，形塑成一種「人生就是一場戰鬥」的底層信仰。

因為能夠活下來、走出一片天，真的非常不容易，這都是打拚出來的結果，所以部分創業者沒有辦法放開心胸，或是大方擁抱一些其他的價值，因為這刻骨銘心的戰鬥經驗，真的記憶太深刻了。

但從另外一個角度來說，透過自我了解、進而向上提升，所面對的挑戰與陷阱，常常就這樣出現了。一旦略有成績之後，會表現出強烈的補償心態或報復心理，甚至變成一個「成功暴發戶」：老子走的橋比你走的路多、老子吃的鹽比你吃的飯多，因為老子就是這樣幹出來的，我這輩子只信任我雙手，其他一切都是假的、虛的。**這樣的心態讓這位創業者的學習能力被封印，因為自滿而裝不進任何新東西，讓自己不再成長**。

其實創業者在新創企業的不同階段，都會面臨不一樣的挑戰，需要克服自我，才能夠向上提升。但白手起家的創業者常常因為戰鬥意識強烈，凡事必定親力親為，不假手他人，因為在他的心中，這是「我要打的一場仗」，無法授權，結果組織不僅沒辦法擴大，更可能流失人才。

這樣的價值觀，常常讓白手起家的創業者，放不下他手上扛的那把槍，他必須得親身衝鋒陷陣去搶山頭，無法讓自己進化為運籌帷幄，透過領導、授權、管理制度的建立，指揮大軍向前進攻。隨著歲月流逝，創業項目就往往原地踏步，或者就此逐漸走向衰敗。

破解之道，就是讓自己不斷再「修」。這個「修」，不僅只是修我們與過去的連結，更是修我們與未來的創造。只有不斷的修，敬天愛人，才能夠真正體會箇中之道。從一個人的成功，走向帶領一群人的成功。**昨日種種的確造就了今日的你，但今日的你可以放下，再去成就一個更新的你**。

當我們爬得更高時，就會遇到更多一樣背景而成功的人，那時候，對於欣賞他人以及自己白手起家這件事，就會有更寬闊及不一樣的看法。

僅以此文獻給所有白手起家的創業者，願你在人生的戰鬥之外，亦能不斷成長、進步，並且享受這個過程，有著圓滿的人生。

PS

無數的書及過來人，都在告訴你創業是件痛苦的事，但如果你能體會其中的樂，路上的風景和一路以來的心情，將會讓你的人生有所不同！

23

壁虎的影子——談「估值」

是外在光源照射角度的改變，讓物件有了多重變化。從一比一投射的小壁虎，投影成一比一百、威猛碩大的巨龍形象，都可以創造出來！

從 **Workface Taipei** 引進天使創投訓練，並成立天使社群後，我接觸到很多這個領域的概念。在企業經營層面，我們是有經驗的經營者；但是進入天使投資後，我們是初探領域的素人，所以有很多新學到的用詞、用語和概念，其中我對於「估值」這個概念相當有興趣。

「估值」這件事，引發我的深度思考。過去我們擔任企業經營者時，從來沒有想過估值的概念，公司賺錢就賺錢、賠錢就賠錢，如果賠到錢付不出來，那就只能收攤倒閉了，還真沒有思考過，我做這個生意「值多少錢」的概念。

什麼叫估值？如果有人投資你一百萬，占你股權的十分之一，這就代表你整間公司估值一千萬。如果有人要整個買斷你公司的所有權，就要拿一千萬出來。

對於估值的概念，我聽過一個非常傳神的比喻：**估值就像影子，你拿光線照物件的時候，隨著照射的角度，影子也會有巨大的變化**。從正上方照，影子幾乎等於零；但如果光源從側面照射，再加上角度及光源的巧妙安排，**一隻小壁虎也可以投射成一條巨龍**。

但重點是無論怎麼照射，出現影子，製造效果。這個物件本身的長寬高、品質、外型，其實是沒有改變的，是外在光源照射角度的改變，讓這個物件有了多重變化。從一比一投射的小壁虎，投影成一比一百、威猛碩大的巨龍形象，都可以創造出來！

所以估值的大小，也會隨著投資的大環境、氛圍而變化，當大家都滿手爛頭寸，看到不錯的案子，大家都想投資，就如同競標名酒名畫一樣，你一言我一語的互相拉抬吹捧，你的估值就會水漲船高，反之亦然。

所以，你看到的巨龍，真的可能只是一隻壁虎。在這樣的氛圍中，很多創業者也是飄飄然，覺得自己身價不菲：「我創業這麼辛苦，理當就值這個價錢。」一些自我感覺良好的創業者，看到自己擁有巨大的估值（但他其實從創業至今，可能還沒有一個月是正盈利的），真的就以為自己是巨龍了。在諸多場合暢談自己現在估值多少，預計下一輪募資的時候估值又可以成長多少，這種感覺就像剛剛談到那個被投射出來的影子巨龍，在演皮影戲給大家看。聲光效果娛樂性俱佳，但是等到卸下布幕以後，大家才恍然大悟，原來剛剛大陣仗的巨龍戲碼，其實也只是一隻壁虎而已。

創業的本身最終還是要回歸基本的商業邏輯，你的收入要大於支出，你的營收與獲利要足以支撐你營運的生存，一切不合理的過渡時期，其實也都只是為了更美好的未來做服務，估值只是一種影子，在不一樣的時空背景是會變化的，企業本身營利的實際能力，往往才是最扎實、最重要的關鍵。但如果我們倒因為果，讓估值成為被評估的唯一標準，這就好像我們去跟影子巨龍簽戲約，而忽牠其實就只是一隻小壁虎而已，那面對有去無回的投資結果，也就不足為奇了。

PS

「估值」是中性的，沒有對錯，對與錯只有人性的貪婪和不切實際的妄想。估值的存在同時也代表著潛力，重點是你怎麼看待它而已。

24

如何當一個好天使？

我們將天使投資過程的判斷，濃縮成十字訣——賽道、剛需、閉環、人劍合一。

天使投資是兩岸的當紅議題，天使輪就是一開始最基本的資金募集。對於創業者來說，在初期只有信念卻還沒建立什麼基業的情況下，有人願意拿錢出來幫你創業，根本就是天使降臨人間般的行善，天使一詞就是從西方 angel 來的。用台灣人習慣的說法，就是佛心來著！在天使輪投資後，如果存活下來，再走向模式驗證、產品驗證，經過 ABC 輪的歷練，走向資本市場或是其他方向，成為一個有價值的企業。

天使有別於一般創投，在於天使更多是個人身分，而創投更多是法人機構。法人機構比較有其明確的運作模式和獲利出場的壓力；但天使投資人更多的是在於情懷和信念，或者是對未來有更遠大夢想的追求，就像孫正義投資馬雲的阿里巴巴，就是天使的概念更勝過於創投。

台灣的天使投資人最常談的一句話是「人對了，什麼都對了！」但有了跨兩岸的經驗後，我們發覺，人很重要，但不是一切；更發覺不只創業者要接受訓練，天使更應該接受訓練。一個好的天使訓練，不僅包括最基本的怎麼看案子、讀案子、更重要的是瞭解天使的知所應為，天下不知道有多少好事，不是被壞人破壞的，而是被過度熱心或是太過執著的好人給破壞的！

「當天使還需要訓練嗎？」這往往是台灣朋友一般的反應。這些在產業歷練較深的朋友常會覺得，我吃的鹽比你的飯多，我走的橋比你的路多，憑著我過去的成功，自然能勝任天使投資人這樣的角色。

兩岸交流下，由於大陸數十倍的案源與資金，以大市場模式走出了一套系統理論，讓任何人能夠快速的進入狀況，去扮演稱職的天使角色，再透過抱團結盟的方式，讓投資產生綜效。這是在台灣比較看不見的。

我在體驗後，深受震撼，幾經思考，決定引入天使投資人訓練，讓台灣有意願參與的朋友能夠成為天使社群，和創業家社群對接，我們訴求的未必是搶時間的比賽或 pitch（指新創募資媒合會），或許「陪跑」也可以是一種能創造價值的概念吧！

我們將天使投資過程的判斷原則，濃縮成十字訣——賽道、剛需、閉環、人劍合一。

「賽道」顧名思義就是這個創業項目所參與的領域。我覺得「賽道」這兩個字，比我們在台灣常常講的市場來得更傳神，因為講「賽道」的感覺帶點競爭的效果。

「剛需」指的是你的創業項目是否是一個剛性需求，或只是一個可有可無的服務或產品。

「閉環」是從英文的 close loop 直接翻譯過來的，指的是這一個項目或是創業內容，是否經過封閉式的驗證，這是有事實根據基礎的？還是一切都只是你精彩的想像與假設？

最後講到**「人劍合一」**，這句話常在武俠小說中看到，一個用劍高手的最高境界，就是人劍合一，人與劍合為一體不分彼此。如果放在新創事業評估，就是很清楚的判斷，到底這個創業者和這個項目是否是一個完美的結合？這位創業者的專長、能力、資源、背景，是否就是這個項目要成長，並且做起來的最佳人選？

經過這四個面向的深思熟慮，再加上對於趨勢環境的判斷及思考，我們才能做出決定，選出我們認同的創業者，並且投資他、協助他成長，讓他有機會走向成功。但天時地利人和，不論哪個方向出了問題，一個新創事業就此死亡了，這也是屢見不鮮的常態。回歸初心、常保情懷，天使投資真的是很不簡單的一門學問呀！

PS

太多人告訴我，在台灣做天使投資是吃力不討好的事。就像當時創立 Workface Taipei 一樣。但我一直堅信，德不孤、必有鄰。對的路只要方向正確，不論再遠，我們總會逐漸的越來越靠近目標！

泰姬瑪哈陵症候群

炫麗奪目的簡報，抵不過「你能否清楚說明商業模式的本質」。一百塊的鈔票哪怕設計得再漂亮，還是不如一千塊那麼吸引人。

很多產業因疫情被按下暫停鍵，但在天使投資的領域，卻被按下了加速鍵！我與夥伴們共同創立的識富天使會，到二〇二二年初，已經有三百六十位會員，並媒合投資了近五十個新創案，在新創圈引起熱烈討論，成為全台灣最活躍的天使投資機構，各項新創案蜂擁而來！

最近參加好幾場 pitch，看到諸多創業者的簡報檔案，從圖像到文字編排，做得非常漂亮。但說實話，對已經看過數千個 BP（Business Plan，商業企畫書）和參與過無數場簡報的投資人來說，炫麗奪目的簡報效果和文字，還真的抵不過「你能否清楚說明這個商業模式的本質」來得重要。**你到底想解決什麼問題？你想要用什麼方式解決？這件事為什麼一定非你做不可？你的優勢在哪裡？**如果這幾個問題能夠清楚回答，被投資人認可的機會才會高。

多數創業者經常犯了「泰姬瑪哈陵症候群」。什麼是泰姬瑪哈陵症候群？就是很多創業者窮極心力創造了美輪美奐的外在形象，包括極致精美的ＰＰＴ和包裝完美的對外宣傳文件，如同蒙兀兒王朝舉全帝國之力蓋了泰姬瑪哈陵，而這個偉大的建築工程，其實用處只是一個陵墓，蓋得再美再好，也對整個國家發展益處甚少，倒是因投入大量的人力財力，完工後，就是王朝衰敗的開始！

從天使投資人的角度來說，決定是否投資，PPT做得漂不漂亮，並不是我們最重視的考量；我們更看重裡面的商業邏輯思維，當然，最關鍵的，就是這一切的設定和假說，到底是你個人的一家之言，還是有經過驗證？有經過驗證的真實項目，遠比天花亂墜的形容、飛天鑽地的神奇故事來得更有吸引力！

很多事情不是設計得好看就可以加分，然後代表一切。水能載舟亦能覆舟，過於精美的PPT同樣會模糊焦點，如同身材姣好的女明星，當大家過於看重她的亮麗外型時，可能會忽略她精湛的演技或成熟的內在。如果缺少了扎實的內容，大家只會記得你的PPT很漂亮，但可惜我們不是簡報大賽，而是真槍實彈、決定資源要不要投資下去的天使投資媒合會。

我會建議創業者們，回到初衷，將心比心的去思考投資人在關注什麼？你想讓投資人看到的是什麼？**因為你能夠有機會讓投資你的人成功時，你才有機會被人家投資成功！**端出牛肉來，把重心放在投資人最關注的問題上，清楚交代你的商業模式外，忠實的呈現你既有的狀態，不要只糾結在表面上的光鮮亮麗，因為項目所帶來的真實價值，才是天使投資人真正關心的。

PS

一百塊的鈔票哪怕設計得再漂亮，還是不如一千塊那麼吸引人，這句話最簡單，但是最直接。

26

羊市

在天使投資領域裡，「羊市」概念無所不在，大數據、人工智慧、區塊鏈概念當紅，好像沒有這些關鍵字，投資者就不會理你了……

對投資有點概念的好朋友，都應該知道牛市與熊市，牛市代表著多頭、蓬勃發展；熊市代表著空頭市場，遠景看淡。但最近聽到一個有趣的新名詞，叫「羊市」。什麼叫羊市？羊市的說法來自羊群效應，羊群移動的時候，沒有自己的主見，大群體往哪轉就跟著往哪轉，當牧羊犬在旁邊叫兩聲，羊群就自然移動，沒有任何理由，這就是羊市！

羊市代表著從眾心態，不是真正的景氣好或是不好，群眾是盲目的，而這些

盲目的跟風，常常是人為的炒作。攤開兩岸的經濟發展史，在台灣開澳門蛋塔店、開保齡球館、開文創咖啡店、手搖飲料店，都是羊市大行其道的故事。對岸這幾年股票飆漲，發幣風潮，P2P（個人對個人）借貸，也大都是跟風，甚至有過之而無不及！

在天使投資領域裡，「羊市」概念無所不在，大數據走俏，所以創業提案都會來個大數據，餐飲要大數據，健康要大數據，農業要大數據，開咖啡店也要大數據！人工智慧（AI）、區塊鏈概念當紅，所以不論哪種創業提案，也常會在報告最後補上一句：「未來將導入人工智慧」，要不然就是：「本計畫將應用區塊鏈技術。」好像沒有這些關鍵字，投資者就不會理你了。

在COVID-19疫情之後，大行其道的「羊市」，就是零接觸經濟、遠距服務，上雲端的項目，占據了所有目光。無人餐廳、外送崛起、居家辦公、遠距教學等個案數量也快速增多。但，回到創業的根本條件，當所有人都在做一樣的事情時，你得先問問自己：**你了不了解這個創業生態？你了不了解自己？你是誰？你的比較優勢是什麼？有什麼是非你不可的？如果你夠獨特，那請問能創造什麼**

價值？為什麼成功者會是你？如果上述這些問題，身為創業者都答得出來，那離成功應該也不會太遠。

PS

「認識自己」就是最重要的專業。這世界的規則其實很簡單，就是專業的去欺負不專業的，從投資理財、企業經營，甚至人生交友都是。專業的人從羊市獲利（在大陸，這個行為稱之為割韭菜），不專業的人進羊市賠老本，所以見自己、見天地、最後見眾生，看清市場的本質，洞悉人性的需求，不貪心、不躁進、不盲從，這才是長久生存之道呀！

偽成功學

偽成功學不是沒有價值，只是對於一個創業者來說，可以參考學習，但絕對無法複製！創業之道，我們要面對的是屬於自己的戰場。

這幾年從事天使新創的投資經驗中，相對於少見的「失敗學」研討，大家更關注「成功學」的學習。但根據長久以來的感受和認知，我認為成功是不可複製的。講成功學光鮮亮麗，講的人開心，主辦的人風光，聽的人陶醉，多數的論壇、演講，也多聚焦在成功學，而不是失敗學。失敗學要找講師、分享人很不容易，能夠真誠面對自己的經營者畢竟有限，有誰喜歡把自己失敗、沒面子的往事赤裸裸的攤在陽光下檢視？

但為何遍地開花的成功學分享是不可複製的？我總結原因如下：

第一是**時空背景不同**。大家都聽過「刻舟求劍」的故事，故事的關鍵，是我們永遠無法在不同時空複製一模一樣的情境，過了就是過了，哪怕再怎麼接近，大環境不一樣就是不一樣。

再來，很多成功者，他分享的成功原因，**到底是真實的原因，還是他個人認為的？**會不會有可能他所謂的英明神武、決策果斷，其實背後真的只是運氣好，瞎貓碰到死耗子，他個人可能覺得他的人格特質，就是讓這一切發生的關鍵因素，但事實上卻可能完全不是。每個成功者都說我很努力，但除了少數極端個案之外，創業者有人不努力嗎？所以努力就是他成功的關鍵因素嗎？但在成功學分享的舞台上，這是無法證實的，他成功了，所以在台上怎麼講都有道理。

同一句話，不一樣的人講，就會有不一樣的效能；同一個操作心法，做的人不一樣，結果可能就會有很大的不同；一樣的處置方式，面對不一樣的情境和人群，可能會得到完全相反的結果。因為人類社會太複雜了，我們的人際互動不是物理化學般的線性模式，**邏輯學並不是人際互動間的主軸，溫度和感受才是人與**

人之間最真實的媒介。

很多所謂成功學的探討，其實未必真能找出原因，所以我稱之為「偽成功學」。偽成功學不是沒有價值，只是對於一個創業者來說，你要知道那是他人的故事，可以參考，可以學習，但絕對無法複製！創業之道，我們要面對的是屬於自己的戰場，最終還是要走出一條自己的路。

PS

由於識富天使會與政大EMBA合作，進而認識了黃國峰執行長，他說其實我所提到的成功學不可複製，在學術上是有專有名詞的，分別是「歷史路徑依賴性」、「因果關係模糊性」和「社會關係複雜性」，三句話講完。所以人真的還是要念書啊！

28

屠龍少年

屠龍勇士們都成功殺掉了惡龍，但，同時也變成下一隻惡龍……。

村莊旁的深山裡，住著一條惡龍，惡龍每隔一段時間就會下山，到處破壞莊稼、搶奪食物、搜刮村民的金銀財寶，傷人吃人！村民不勝其擾，最後和惡龍達成協議，年年貢獻牲禮，來換取平安度日。

有一個少年，從小在山邊被惡龍蹂躪的村莊中長大，在成長的過程中，看著村民受盡苦難，他最大的願望，就是成為屠龍勇士，殺掉惡龍。雖然村子裡，每年都有自告奮勇出征的屠龍勇士，但這些勇士從來沒有人成功生還、凱旋歸來。

少年勤練武藝，摩拳擦掌等著自己長大準備好的那一天。到他十八歲，覺得自己已經準備好，是時候了！便背上行囊，帶上武器，跋山涉水出發去找惡龍算帳去！

經過三天三夜，終於找到惡龍歇息的洞穴，恰巧惡龍在山洞裡趴在掠奪來的金銀財寶上午睡，他心想機不可失，拔出大刀衝進去，手起刀落，一出手就砍下惡龍的頭。他手提著惡龍的首級，眼睛看著這些財寶，縱聲大笑！慢慢的，少年身上竟長出了鱗片……。

原來，過去這些年來，屠龍勇士們，都成功殺掉了惡龍，但，同時也變成下一隻惡龍……。

這是一個在東南亞流傳的預言故事，其實非常適用於新創事業。不管在哪一個產業，為了反抗大企業壟斷市場，總會有新的英雄揭竿而起，創造出新的機會和項目。但隨著市占率及規模慢慢擴大，新項目從絕對少數，慢慢變成主流，就像那殺龍的少年一樣，**隨著歲月成長，慢慢變成那個自己當年處心積慮想要打敗的大魔王！**

精釀啤酒是對應於商業品牌啤酒而生的非主流啤酒，但是當越來越多人喜歡這小眾口味時，當年的精釀啤酒，就變成新一代的商業啤酒。

長久以來，訴求小農直營的農產品，因為受到大家的喜愛，規模和客戶急速擴大，最後不得不和過去所挑戰的大型產銷商一樣，開始建立產銷體系，甚至規模超越了比原來想要打敗的那個舊體系還要更大。

甚至連高舉反政府、反統治的占領華爾街運動，也因規模擴大到難以溝通的狀態，最後也不得不成立了他們最討厭的「政府部門」，來協調資源，統一活動訴求。

這些都是屠龍少年變成龍的故事（其實龍沒有好壞，「惡龍」只是故事裡的說法），或許很多人會問：那我們該怎麼辦？難道要堅持理想做小眾，然後一輩子不要長大？

這個解套心法，如果用執政黨與在野黨來比喻，大家就懂了。無論你執政或是在野，如果你的心裡念茲在茲的，真的就是人民優先，那無論執政或在野，都會令人尊敬。

同樣的，**如果你一直保持著創業的初心，無論規模多大，都能莫忘初衷，知道你當年是為何創業？是為何而戰？那擺脫屠龍少年的循環詛咒，指日可待！**

PS

蝙蝠俠電影《黑暗騎士》（The Dark Knight）裡面有一句話：「要嘛以英雄的身分死去，要嘛活到變成反派！」精釀啤酒一樣可以有創新精神；主流音樂一樣可以很酷很炫；規模大的農產公司還是可以照顧小農。你的創業初心，是不是能成為企業的DNA？這才是重點。

29

創業者的品格

在天使輪投資，最重要的關鍵要素，就是創業團隊。而支撐起這個要素的關鍵資源，就是「信任」。

這幾年開始接觸天使投資之後，我有兩個身分同時運作，一個是旭榮集團的執行董事，代表著具有規模的穩健企業經營者；另一個是在Workface Taipei的社群運營者及識富天使會的天使投資人，這兩種身分是完全不一樣的思維。

很多新創界的朋友都應該有參與 pitch 或是 demo day / road show 的經驗，創業者用幾分鐘的時間快速介紹自己的項目並接受提問，然後投資人決定是否要繼續跟進，並給予支持，用資源（尤其是資金）上的協助，成為策略性合夥人。

所以，投資 pitch 的本意，用白話文表達就是「你帶著商業企畫書，來向我要一筆錢或是資源。在我成為股東後，去做你假設可能會成功，但其實你並不一定擅長的事。」如果用比較粗魯的話說，就是「我聽你在說故事，但是能不能成，並不是你說了算！」

由於早期創業投資的不可測因素實在是太高了，天時地利人和缺一不可，就算一切具備，但任何一個小環節出了差錯，這個項目極可能還是會出問題，而無法繼續成長到投資人獲利出場的那一天。**天使輪投資有太多事情並不如我們想的那樣，有投入就會有產出，有投資就會有回收！天下或許有幸運的午餐，但真的沒有白吃的午餐。**

一位我非常敬仰的長輩曾親口對我說，他這輩子投資了四百個案子，其中沒有任何一項，是百分之百照著當年天使創投融資時提出來的企畫書進行的，而且這些案子，多數都是失敗的，但是因為少數項目的極成功，平衡了投入的開銷和支出，所以整體來說，天使投資還是帶給了他財富和社會地位。

如果老人家說他看了上萬個案子、投了四百個案子，都沒有一個照著企畫書走；那麼你一個創業者跑來告訴我，你現在所提出來的企劃書，就是未來你們會百分百遵循的架構藍圖，你們以後的獲利、成長，就會依照這個故事進行。如果你真的做得到，代表你就是那機率〇・二五％的天之驕子！過去數十年來，四百個頂尖人才都做不到，但你做得到？難度真的很高，我怎麼可能那麼容易就遇到救世主？

如果是這樣，那我們要怎麼判斷？如何決定我們要投資誰？所以講到最後，一切都還是回歸到人身上，回歸到創業者身上，很多天使輪的投資大師不約而同都說「人不熟，不投！」**在天使輪投資，最重要的關鍵要素，就是人，就是那位創業者，還有他所帶領的團隊**。

而支撐起這個要素的關鍵資源，就是「信任」，有了信任，諸多的溝通成本就會降得很低，讓事情高效而容易成功。

如果投資的是對的人，他會用盡一切辦法來讓這個項目成功，讓這間公司站起來，因為這是他的使命。如果投資的是不對的人，他存心就是要欺騙你，那麼再多的規章條約，也只是聊備一格，其實這些都是防不勝防的。如果你想要找到好的天使投資人，願意幫助你、支持你，讓你的項目成功，那首先請你成為一個值得被信任的好人吧！**如果你是一個值得信任的好人，然後對想去解決一個問題有深度的執著，願意對這件事情深度投入，止於至善，那你應該就會是被信任的那位創業者，也會是我們最期待見到的那個人！**

PS

為什麼我還特別強調「好人」？因為很會賺錢的壞人太多了！君子愛財，取之有道。我不喜歡騙人，當然也不喜歡被別人騙。你是真正能創造價值，或只是在玩金錢遊戲，通常創業者和天使投資人，心裡都是清楚明白的。

30

錢也是有情懷的

與其把商業做公益化的包裝，我們應該是把公益的事情，做商業化的包裝，這樣公益才能永續。

第一次見到木子鵬，是在Workfacec Taipei創業者社群所舉辦的創業者工作坊。在場大家聊起每個人的創業辛酸與甘苦。他操大陸口音，特別引人注目。他本名叫李鵬，因為剛好跟前大陸國務院總理同名，讓生活工作很多事情不方便，所以乾脆改名叫木子鵬。他新疆出生、藏區長大，四處成長歷練之後，遇到了生命中的另一半，剛好是位美麗的台灣姑娘，所以就因緣際會來到台灣，從台灣的角度來說，就是一位男性陸配。

由於木子鵬和青藏高原，青海省的玉樹市，有著深厚連結，他曾經擔任該地慈善學校的副校長。那是藏文化的游牧區（屬於藏區文化圈，但不是我們印象中的西藏），一年只有夏季開放三個月的時間方便旅遊，所以他帶領年輕藏民們，創立了一個社會企業的創業項目「游牧行」。

我與游牧行的結緣，起源於我擔任遊客領隊，帶著一群企業家好友上高原體驗，和當地的藏民夥伴變成至交。旅行結束後，木子鵬找我談，他有個夢想，需要資金和資源來擴大游牧行的架構和規模。在體驗過這一切後，我與幾位好友決定加入天使投資人的行列。從一開始的主題旅遊概念，到客製化的訂製行程，到手工犛牛農產品，「游牧行」一直在進化；在未來，更希望能規劃全藏民牧區的犛牛認養，讓每個人認養一隻牛，養在青藏高原上，透過科技來產生連結，而牛隻所生產的一切最天然純粹的產品，可以供應給人在都市中的你，這是全新長出來的商業概念。

平常人老想著把商業化的事情做公益化的包裝，我倒更認為，我們應該是把公益的事情，做商業化的包裝，這樣公益才能永續，才不需要天天跟人家伸手。

資本有時候也是很有個性的，錢也會選擇做有情懷的事情。在追求利潤的同時，我們也常常在思考，能夠怎麼樣為這個社會創造價值，所以這幾年來我們也看了很多「社會企業」的新創投資案。社會企業有別於一般的創業，在於除了追求利益的極大化之外，更追求這件事本身所信仰與帶來的正面價值，所以**在這個案子進行的過程中，我們捨棄了很多「可以最快」的方法，取而代之的，是我們在這件事情本身所要「追求的價值」**。為了讓當地的藏民朋友能夠融入這個項目的旅遊體驗，我們送藏民夥伴去學廚藝、去學管理，而不是由外來的漢人擔任這些工作。

木子鵬就是希望能透過各種方式，讓藏民最後的游牧文化得以保存，更重要的是，他們不需要「被慈善」，而是希望能扎扎實實的賺取生活所需，證實藏文化是有價值的，是能被保存的。

PS

受新冠疫情的影響，跨國旅遊及觀光業都遭受非常大的挑戰，其實這本書出版的同時，游牧行這個項目已經畫上句點了。但我跟木子鵬說，基於他在這一路走來的負責任態度和經營思維的選擇，如果未來他還有計畫要進行任何的創業項目，我都願意繼續支持。很多時候，未必只以成敗論英雄，一次完美的撤退，也可以作為一個成功的指標。

Part III

【思維轉換篇】

你輸我贏？

亞洲人打麻將，本質是「和諧的組成」，
贏的關鍵，在於誰的「局」最和諧。
原來，讓別人贏，不代表就是讓自己輸。

31

讓別人贏！

進入職場，無時無刻都散發著戰鬥氣息，因為要贏；參加社團組織、朋友聚餐，都巴不得別人知道自己有多厲害、多博學，因為要贏……

前一陣子老爸的好朋友送他黃俊雄布袋戲的表演票，在國家戲劇院公演。他約老媽去，老媽對布袋戲表演興趣不大，就說不去了，老爸只好約了想看戲的老朋友去看。

傍晚看完回來，剛好老媽不在。老爸告訴我，「厚！那個布袋戲真的是我看過有史以來最棒的表演！」老爸講得口沫橫飛，說那表演如何顛覆傳統布袋戲印象等等，我聽得如癡如醉，就好像看現場演出一樣精彩。晚餐後，老媽問起，那個布袋戲怎麼樣？老爸在餐桌上淡淡的說，「你真是有先見之明，還好你沒去看，表演就一般般。」我在旁邊聽了，眼睛瞪得超大，但還是決定默不作聲。

吃完飯，我問老爸，你怎麼和老媽說表演普普通通不好看？老爸笑著說：「你要懂得讓別人贏呀！如果我回來和她講，哈哈，你活該，那麼好看就是沒去看，你就沒看好戲的命，以後知道了吧！」這當然也是一種做法，但是對整件事情一點幫助都沒有。對於已經發生的事情，不需要再去炒冷飯，也不用再去找麻煩。我看到好看的表演，對我來說已經賺到了。多講一句話讓她贏，讓她覺得做對了決策，讓她爽。**反正戲都已經看完了，如果這樣講還能夠讓人家高興，帶來一些附加價值，那不是一件很棒的事嗎**？她心情好，我們生活也比較好過，對不對？」

是呀！我回想從孩童時期開始，打架時你打我一下，我一定要還手，總是要打到最後那一下，因為要贏；長大以後，和人家吵架總是要講到「最後那一句最傷人的話」，因為要贏；進入職場，無時無刻都散發著戰鬥氣息，誰敢對我不好，我一定加倍奉還，因為要贏；很多場合說話都如刺刀般的銳利直接，直攻要害，甚至是語不驚人死不休，因為要贏；參加社團組織、朋友聚餐，都巴不得別人知道自己有多厲害、多博學，因為要贏。現今社會上的諸多顯學，都在教你怎麼贏，才能贏得漂亮、贏得徹底，好像這樣才是人生的勝利組。在我記憶中，很少聽到叫你「讓別人贏」的說法。

其實，**讓別人贏，不代表就是讓自己輸**。老爸的智慧，讓我思考很久很久。

PS

一、老爸問我，你也會對老婆這樣子，「讓她贏」嗎？嘿嘿嘿，這境界實在太高，我想我還是需要再幾年的修煉吧！

二、這本書出版的時候，黃俊雄布袋戲不只已經在國家戲劇院登台，甚至都拍成電影上映了。真心希望這個傳統藝術能夠保存下去，這是我們這一代人幼年時的共同回憶！

32

玩撲克與打麻將

拳頭大小決勝負，是撲克牌遊戲的主要思維；但打麻將，大家是互相連結的，進攻與防守常常是一體兩面，本質是「和諧的組成」。

農曆年假，全家去南部度假，大人們教小朋友打麻將、玩撲克牌。小朋友學得很快，過程中總會問：「要怎麼樣才算贏？」在這過程中，我體會出一些東西方文化思維底蘊，反映在撲克牌（代表西方）與麻將（代表東方）當中。

撲克是西方發明的牌系代表，一副撲克牌有四種花色，每個花色從二到A共十三張牌。不論哪種撲克牌遊戲，基本上擺脫不了同一種獲勝邏輯，就是以大勝小、實力取勝。同花順最大，再來鐵支壓葫蘆，葫蘆壓同花，這樣一路比下去，最後比到對子贏高牌，中間雖然依據各遊戲規則而略有技巧變化，但原則上皆為牌面誰大誰贏。如果你拿到一手好牌，就要想辦法極大化好牌的價值；如果牌不好就要想辦法防守，趨吉避凶，不要讓自己被一次殲滅，拳頭大小決勝負，誰拿的牌大或是實力強，誰就是贏家，這是西方撲克牌遊戲的主要思維。

但東方的麻將不是這樣的概念。以台灣麻將為例，三個為一搭，拼湊五搭，最後再配上一對眼睛，湊到十七張胡牌。所有的排列，沒有誰大誰小的問題，也沒有誰壓誰的問題，九萬沒有比一萬大，一筒也沒有比九筒強，重點是你左右搭配順不順暢，有沒有形成一個個的「搭子」。而最後所謂的贏家，就是在所有排列組合中，最快最好組合成功的那個人。在求勝過程中，大家是互相連結的，不論吃或是碰，進攻與防守常常是一體兩面，你有捨牌，才會造成連動式的進牌，麻將的本質其實是「和諧的組成」，用最高的機率，輔以最有效率的方式，來達成一個最有效的組合，可以是因為別人放炮而讓你勝利，或是你透過自己的努力來達成勝利（就是自摸），如果你是靠自己成功，那理當就會有更好的獎勵（門清自摸算三台）。**贏的關鍵，不是因為你最強大，而是因為你最和諧！**

遊戲是文化的產物，而文化也會隨著遊戲而傳播。西方文化講究實力取勝，實力決定強弱，你要尋求戰鬥和對決的機會，不論是好牌出盡、直接對決，或者是機關巧思、運用策略，但本質上牌力的好壞占了極大的因素，對決結果不是你勝就是我贏。

既然是遊戲，當然就會有輸贏，但**東方文化重視和諧共生，所以我們東方的遊戲所體現的，就是這種由和諧所創造的價值，無關乎絕對性的大小，而是誰創造的「局」越成功、有效，誰就是贏家**。

當然，這只是一種角度切入所創造的詮釋，在現代國際化社會中，東西方遊戲早已混合交流，兼容並蓄，截長補短，時時刻刻可以切換、轉變。或許大家在面對跨國管理的困難情境時，這些從遊戲提煉出來的思維，可以是一個不錯的思考方向。

PS

短短幾天，小朋友們的牌技都可以上戰場廝殺了，回頭想想我小時候和他們比較，實在是落差太大、遠遠不及……，真不知道是老師教得好，還是大環境真的不一樣了？

33

「悲天」更別忘了「憫人」！

你覺得理所當然的一切「防疫措施」，對某些人來說，其實都是極為奢侈的幸福。

新冠疫情發生以來，相較於世界多數國家的封城、禁足令的新聞，在台灣生活的大家還能享有社交和移動的自由，其實是相當幸福的一件事，值得慶幸！因為公司的國際布局經驗，讓我們常常能從不一樣的角度看世界。

我們一直講要勤洗手，但是你能夠常常洗手，代表你所在的環境，還有一個至少算是乾淨的自來水系統；在一些嚴重缺水的地方，「勤洗手」這件事，想都不用想！

我們說要多消毒，能夠使用消毒液或是其他的抗菌產品，代表你有錢，你負擔得起這個消費，有能力能購買保護你身體健康安全的東西。

你能夠被禁足不出門，其實是一種特權，代表你有能力不出門工作，且至少有一個家或者是還有足夠的空間可以「被隔離」，然後一樣生活得下去。

你需要保持社交距離，這也是另一種特權，其實代表你有能力去消費，去社交，去做你喜歡且快樂的事，不需要為下一頓的溫飽擔心。

你覺得理所當然的一切「防疫措施」，對某些人來說，其實都是極為奢侈的幸福！

病毒之前，人人平等。對比我們熟悉的文明社會體制，包括一些東南亞、非洲等國家，沒有完善醫療體系、健保制度，甚至還在請巫醫來看病的村落裡，生病的時候，一切就只能把自己交給上天了！

做為雇主，面對在先進都市辦公室工作的同仁，所擔負的責任是希望大家能遵照當地國家政府的指示和政策，請大家好好照顧自己。但是在相對落後的地方，雇主的角色可能是需要真正負起照顧這些生命的責任，因為一個員工的健康，可能就代表了一個家庭的一切生計。

悲天別忘了憫人，最近在網上看到大家傳閱著一張圖，談到「瘟疫中的我」，從驚慌憤怒（瘋狂搶購囤積、情緒激動），到自我學習（認知合理訊息、理性思考）最後是跨越成長（具同理心、幫助他人）。

這是一個心智上不斷突破的過程，也是這一場瘟疫帶給我們的反思，**我們人類到底有沒有珍惜所擁有的、這唾手可得的幸福？這場瘟疫的出現，影響了我們所有人，但不是公平的影響了每一個人。**面對未來，除了我們熟悉的一切被改變之外，如果能夠打開我們從不一樣角度，看待他人、看待世界、甚至看待自己的那雙眼睛，那就真的是大家的福氣了！

PS

我們的非洲工廠自製了一個「消毒防疫」組合套件，堪比一個高階的機場檢測消毒系統，全都是就地取材，使用鐵具、手工焊接DIY打造而成，在資源匱乏的地方，「自己動手做」常常就是一切的答案。

34

修行

新冠疫情的確改變了我們的生活，但要怎麼看待它所帶來的衝擊，卻是你能夠決定、掌握在己的選項。

二〇二一年五月中起，台灣因為第三級的疫情管控，朋友們改為在家工作，連續數週不踏出家門。這是很難得的體驗，從另一個角度來看，我發覺這何嘗不是一種修行？

第一個修的是與同事間的關係。因為在家辦公，大家使用視訊軟體做溝通聯繫、協調開會時，應當更謹慎、更用心。因為不在同一個地點，所以我們說話的用語和感受其實都會被放大，在遣詞用句時，都需要更精準細膩，才不會被誤會。而經營者或擔任主管職的夥伴，更是要在這個時候鼓舞團隊、加油打氣，這不就是一種對工作的訓練和修行嗎？

這段時間，也是對家人及伴侶的修行。小朋友們遠端上課、全天在家，我不只參與了他們的課業學習，更有了假期之外更多的相處時間，距離變得極近，真的有時間靜下來陪小朋友做功課、玩桌遊、下棋、打電動，和他們聊聊生活、聊聊理想，還有未來的規劃，讓自己嘗試從父母的角色變成玩伴和好朋友，這真是一個快樂的修行！

與小朋友相輔相成的，是和人生伴侶的修行。與老婆相處，大家在過去工作忙的時候各有空間，現在則是二十四小時形影不離，生活小事及衝突容易被放大，尤其是小孩的管教更是短兵相接，意見不同的狀態隨時會出現，如果將這個家當成道場，這更是我們修行的好機會！

最後，則是與自己對話的修行。過去的我，每日行程極滿，會議一個接一個，深怕浪費了時間。這麼多年來，真正第一次坐在家裡的書桌前一整天，學著與自己相處和對話。當不出門好幾天之後，那種沒出門就不太舒服的煩躁感，居然也就慢慢不見了。我利用這個機會重新檢視了自己的生活、手上的工作，還有完成各項我平常疏於照料但卻很重要的事，直到最近才真正感覺到，原來「獨處」也可以是一件很享受的事！

新冠疫情的確改變了我們的生活，但要怎麼看待它所帶來的衝擊，卻是你能夠決定、掌握在己的選項。疫情終究會過去，除了防疫，如果能藉由這個機會，讓自己對工作夥伴、對家人伴侶，還有對自己的修行提升，疫情後，大家對這個脫胎換骨且嶄新的你，一定充滿驚奇！

PS

哪種修行最難？老爸有說過，結婚十年以上，婚姻還存續的男人，個個都是哲學家。相愛容易相處難，根據多個國家的統計資料，因為疫情的關係，大家都待在家，結果各國離婚率在這段時間居然都提高了！與另一半的相處之道，才真的是一門大藝術呀！

35

Stay Hungry, Stay Foolish!

賈伯斯的自負及不友善是遠近知名的，翻譯成「求知若飢、虛心若愚」，其實是反射了我們東方思維的底蘊。

因為疫情的關係，二〇二一年各級學校的畢業季移到了七月暑假。以美國的知名大學來說，每年都會邀請名人嘉賓做畢業演講，這幾年來的畢業演講者和分享內容中，蘋果電腦創辦人賈伯斯在史丹佛大學的著名演講結尾「stay hungry, stay foolish」應該是最廣為人知了。

Stay hungry, stay follish. 翻譯成「求知若飢、虛心若愚」是我們在台灣最常見到對這句話的詮釋。就像讀歷史故事一樣，歷史反映的是當局者的史觀。對於這段話的翻譯，其實是反映了我們東方思維的底蘊。例如東方文化中，我們認為謙遜虛心是美德，我們就用東方的價值觀去套用在賈伯斯身上。而賈伯斯的自負及不友善是遠近知名的，當然也包括了他坐電梯時，遇到一個員工和他同電梯，他質問那位員工你為公司帶來什麼價值？那位同仁答不出來，賈伯斯就叫他明天不要來上班了的知名故事。（好像很多成功的企業家都有一些小故事在流傳）

以賈伯斯這種個性，怎麼會叫人家求知若飢？Stay hungry 的關鍵概念，應該是對「飢渴」的詮釋，並不是針對於知識，或者**我們可解釋為「永不滿足」**，**而「不斷的追求極致」更為恰當！**蘋果產品本身就是一種對極致的追求，賈伯斯對極簡主義的要求，在蘋果的設計上執行到了極致！相信很多人都聽過賈伯斯的另一個名言「人們其實並不知道他們自己要什麼？一直到你讓他看到。」就是因為對於極致的追求，加上對自己的高度自信，讓他以破壞式的創新，創造出前人都沒有想像過的方式、產品，進而改變了手機、音樂、電腦動畫三大產業，成為一代大師！

另外講到 Stay foolish，又是另一種屬於我們自己的文化投射。賈伯斯的個性在諸多書籍雜誌上是以「暴君」來形容，這樣的個性怎麼會叫人「虛心若愚」？我更認為這裡所談到的 foolish，其實是要解釋成「**不用怕變成別人眼中的傻子**」，因為成功與卓越，其實都是站在高峰的頂顛而孤獨著，但唯有這樣的「傻」，往往才能成就所謂的「高」及「大」！

綜上所言，與其翻成「求知若飢、虛心若愚」，另一派的說法，倒認為不如以「**永不滿足**、**常保傻勁**」來得更清楚通達，更能貼近這位大師的個性與思維，也更能傳達他想對學生傳遞的訊息。從另一個角度來說，也或許對於一代大師的經典名句，不去翻譯它，就請大家直接理解原文，才會是最好的詮釋吧！

PS

就好像討論古典文學一樣，我們後人常常穿鑿附會的給予原文太多的解釋，如果有個小朋友不希望想得太複雜，就簡單粗暴的照字面翻為「餓肚子、當傻瓜」，這樣會不會才是最精準的原意呢？

36

笨蛋！關鍵是挑戰場！

鱷魚和熊打架，誰贏？那要看在哪裡打？要在陸上還是水下，結果肯定不一樣。

我從小就喜歡打籃球，身材不高，但憑著熱情和手感，高中、大學系隊到畢業，我都是全隊最矮的那個控球後衛兼射手！曾經每週晚上還持續和朋友租室內場地打球。但這半年新來幾位甲組身手的年輕人，比你高、比你快、還比你準，比賽時我都覺得自己有點變成隊上的累贅，人要服老，同時工作也忙，我就少去打了。

但我讀小學三年級的大兒子，剛好處於對籃球的啟發期，他五歲起就是

NBA迷，週日有空我就陪他去球場。有一次剛好遇到其他小學年齡相近的小朋友，有人提議打全場，一群人起鬨著說好，但是選手不夠，他們就叫我這個老爸加進來比賽。

三十餘年籃球記憶中，我第一次成為全場最高的球員。比賽開始，小朋友們個個搶球奮不顧身，但畢竟基本動作不夠成熟，運球掉來落去，亂成一團。我變成一夫當關的超級全能球員。抄截、傳球、火鍋樣樣通（比賽就是比賽，沒在讓小朋友的），加上我本身又是後衛出身，外線不錯，配上身高（當然這是相對的），打起來簡直是大殺四方，所向無敵，如化身NBA全方位球星，雷霸龍詹姆士一樣，一號打到五號位，太神了！打完球我隊大勝，我隊小朋友看著我，以欽佩讚嘆的眼神跟我說，「叔叔你真的好強喔！」

呵呵，這句話讓我爽了整個禮拜。我前幾週才在怨嘆時不我予，跟不上年輕一代的速度與節奏，怎麼下一刻我突然變成了籃球超級巨星！其實，這一切不都是因為「戰場」不一樣，「對手」不一樣嗎？

鱷魚和熊打架，誰贏？那要看在哪裡打？要在陸上還是水下，結果肯定不一樣。**很多時候的成功，並不只是取決於你努力不努力。你的競爭對手和戰場，才是決定你成就的關鍵因素。**申請好學校，誰不想被錄取？但可能有人比我更優秀適合。創造一個品牌，誰不想獨霸市場？無奈對手更強大！在眾多體育競技活動中，我們常看到在賽前刻意降低體重，換一個量級，或是調戰績，去避開季後賽對手等等，都是一樣的道理，大家都在挑戰場、選對手！

人生和企業的競爭，其實都是觀念的競爭，做人做事，你懂得挑戰場，就相對容易成為贏家。**但挑戰場並不是逃避現實，關鍵在於，這領域是不是你有相對實力和優勢的？是否能讓你發揮最大的邊際效益？**這其實只是很基本的經濟學原理，只是我們常常忘記了！與大家分享。

PS

人生很多時候，成敗不是因為我軍不努力，皆因無奈匪軍太強大！我命由我不由天，所以我決定以後就打週末的小學養生籃球好了，有運動效果，又有成就感！有人問，如果這些小朋友長大了怎麼辦？呵呵，就只好再等孫子出生囉……

37

敢去要！

人生很多時候，不是那麼需要聰明才智來定勝負。就只是一個念頭：「你敢不敢去要」而已。

我的老婆大人是一個意志堅定、表達明確的新時代女性，她原來也服務於跨國外商公司，擔任業務工作，在生了小朋友之後，回歸家庭、相夫教子。但是在她身上，我常常可以學習到很多我自己沒有注意到的地方。

多年前，我帶著大兒子和老婆去參加一場幼稚園露營活動。由於活動地點靠近台灣北海岸的一個觀光漁港，幾位家長提議活動結束後大夥一起去找漁港內一家最知名的餐廳，吃吃海鮮大餐慶祝。

當天是星期天，由於正值菊黃蟹肥的金秋季節，當地政府正在這個觀光漁港舉行美食螃蟹季活動，當天將會有數千輛車、數萬人湧進這個小漁港。當然這狀況在我們出發前就已經想到了，我們決定派幾台先遣車輛在活動結束前提前出發，至少先去占個位子，然後其他人在活動結束後再趕過去會合。我們大隊人馬要出發時，已到達的先遣部隊回報，人跟車都非常多，所有在漁港內的道路都已經被規劃成單行道，車子一輛挨著一輛前進，漁港內的停車場早就大爆滿，基本上沒有把車停在漁港內的可能性。他們是把車子停在漁港外八百米處，停好車再走過去，大約要走個二十來分鐘。

大家出發了，老婆大人當下直接打電話去餐廳，問道：「我們在二十分鐘後會到餐廳，請問餐廳有停車位嗎？」餐廳回答還有一個位子，老婆大人繼續說道：「請幫我們保留，我們快到前一分鐘會再聯繫。」

電話講完，我在一旁冷嘲熱諷的說：「從現在到餐廳的二十分鐘之間，都不知道會有幾百輛車子經過餐廳門口要找停車位了，怎麼可能輪得到我們？再說，他們為了做生意，怎麼有可能不讓人家停車？」老婆大人只回了一句：「你沒有試怎麼知道？他們都說好了，幹嘛不去試試看？」

我以看笑話的心情開車前往漁港裡的餐廳，一路上當真是人山人海，通往漁港內的道路本來就不寬，路兩邊都是行人，車子則排成一列單向緩緩前進，連人要往前走都已經摩肩擦踵，稍微有點困難了，至於要找一個停車位，那真的是想都不用想！

那家海鮮餐廳很明顯的是一個地標，遠遠就看到很多人聚集，車子到那裡時，速度也明顯變慢。就在我們快到餐廳前五十米，老婆大人再次打電話向餐廳要位子，這時由於聚集餐廳門口的人車特別多，在餐廳門口指揮交通的交通警察，吹哨子叫我們趕快離開，不要停在路中間。這時餐廳裡面跑出來一位阿姨（看來應該是接老婆大人電話的），跟交通警察打個招呼，移開了餐廳正對面騎樓下的一個三角交通錐，用手勢告訴我，請我倒車停進去。我嚇了一跳。這真的不可思議，在人山人海的情況下，我居然就把車停在餐廳正前方的空地上，而且不是投機，也不是違規，這就是餐廳本來就附的停車場空地，原來有三個位子，停了兩台，現在剩一個，剛好就給我停到了。這麼多車、這麼多人，川流不息的經過這條路，要來這餐廳吃飯，他們都要找停車位，但為什麼我還可以把車停在這裡？

其一，我問了餐廳，他們說很多人打電話來問是否還有桌子，更多人擠在門口問有沒有位子，但是幾乎沒有人問有沒有停車位，或是要停哪裡？（這是很有趣的問題，我覺得大多數人一定覺得，這種時候，停車位一定是要自己想辦法解決，就是必須停得遠遠的，不會想到餐廳居然可以提供車位。）

再者，在交通錐的正前方，就站了一個員警在指揮交通。沒有人會搖下車窗告訴員警說，對不起我想停這裡，我要去這吃飯，因為他可能窗子一搖下，就被哨子吹著要求往前開了。這時候的我，對老婆真是佩服得五體投地。

好不容易經過了種種波折，大家終於在餐廳到齊了，在舉杯暢飲、享受海鮮美食的同時，大家也聊到車子（想當然爾的）停多遠，頂著太陽走過來多辛苦等等。旁邊一個人問到，黃先生，你車子停在哪？我抬起手，朝窗外比了一下，說「就樓下那一輛。」不意外，當場每個人都一副不可思議的表情，「你怎麼可能停在那裡？你還比我們晚來呢！」當我把這個狀況跟大家解釋之後，有些人拍手大笑，有人低頭沉思，這真的是值得學習的一堂課。

說白了，人生很多時候，不是那麼需要聰明才智來定勝負。不論是經營企業、經營家庭、經營人生都一樣。這就只是一個念頭「你敢不敢去要」而已。我腦中一直記得老婆說的：「大不了就是沒車位，被拒絕，那就再找就好了，又沒什麼好輸的，我們何必要事先否定，為自己設限呢？」是呀！真的沒什麼好輸的，我們幹嘛為自己設限呢？

PS

在很多時候，如果你真的想要，你就要「敢去要」。敢做夢、敢執行，你就比別人有機會，就更容易成功。

38

身體不方便，同理心乃現

我發覺，當說話速度放慢時，我更能夠掌握我講的每一個用字，也更能聽進對方講話的內容，取代「我想說」的感受。

某天晚上，睡前感覺右肩膀怪怪的，隱隱作痛，當下沒做立即處理。隔天一早醒來，發覺右肩膀整個不能動了，伴隨著關節處的紅腫發熱，幾乎下不了床（因為一翻身要牽動肌肉，就會很痛）。後來咬緊牙關克服困難，趕快穿上衣服，聯繫熟識的專業運動整復老師，趕快去掛號治療。

師傅告訴我，由於我肩膀緊繃加上側睡姿勢不良，變成類似落枕及沾黏的狀態，只是發生部位在肩膀，需要點時間調整復健。他協助我做了一些筋絡整療，當真是痛到呼天搶地！然後師傅囑咐了一些飲食注意事項後，我就離開了。接下來的幾天，真的就是過著殘疾人的生活。之前覺得不就一個簡簡單單的上下車，或是翻個身下床，怎麼會有人在做這些動作時這麼慢？不過就是個簡單的事。那時我才發現，是的，就是會這麼慢……

只有在自己遇到不方便的時候，才能真的做到換位思考。後來的幾天，由於右手不方便，我被迫慢慢的調整生活方式和步調，居然也悟出了些道理。

因為右肩不能動，連拿筷子都不是很方便。我變成用左手持筷，很不方便的去吃飯夾菜。因為這樣，我吃飯的速度變慢了，而且為了珍惜每一口得之不易的飯菜，我必須細嚼慢嚥的去享受每口飯菜所能帶給我的營養和感受，真的是「每一口」都得來不易的品嘗。我才發覺，過去的我，在吃飯時的匆促急躁，是多麼莽撞的囫圇吞棗，根本就沒時間享受食物真正的味道！更不用說對消化的負面影響了。

因為右肩不能動，我行動變慢了、走路速度變慢了，連帶著我說話也變慢了。我講話的語速，平均降低了三〇％，思辯敏捷、行動迅速的 Sunny 轉型了，變成一個說話沉穩、不疾不徐的人。而我發覺，當說話速度放慢時，我更能夠掌握我講的每一個用字，也更能聽進對方講話的內容，不論是聽兒子說話，或是公司同事說話，我更能用心的聽，取代「我想說」的感受！

原來，在**「慢的時間裡」**，在**「不方便中」**，**是更有空間讓我們來審視自己的，身體不方便，同理心乃現！身體的不方便，讓我體認到要時時刻刻讓自己保持感恩和謙卑，要換位思考，要替別人想！**很期待這樣的感受與心情能夠持續的保持下去！

PS

現在我肩膀疼痛與僵硬當然已經治好了，回到生龍活虎的狀態。但是這短短幾天的經驗，讓我成為「肩膀不能動時，該怎麼辦？」的資訊專家，中西醫學理的各種整療方式我都看遍了，也深入的去研究透徹，這也算是一種另類的收穫吧！

39

等一下與馬上來

一句「大家」，就把「你」與「我」變成了「我們」，「你的事」與「我的事」，變成「大家的事」。一個很簡單的說話技巧，卻在組織內帶來極大的影響！

企管業界有個著名的案例：一家航空公司苦惱於長年在商務艙的國際服務評比不佳，請某企管顧問公司前來協助改善。該顧問公司研究之後，只開出一帖藥方，就是請所有空服員在乘客提出需求、要回答客人的時候，把所有講「等一下」的時機，全部強迫改成「馬上來」。結果，隔年這家航空公司的服務評比大幅攀升。

這是真實案例。不論是講「等一下」或「馬上來」，提出需求的乘客等待的時間其實是一樣長的，但這兩個回答所呈現的意義卻很不一樣。「等一下」代表以我為主，我的時間比較重要，我先把我的事情處理完，再來處理你的事情；「馬上來」代表你的時間是最重要的，我馬上就優先處理你的事。可能客人必須等待的時間都一樣會是二十秒，但當事人聽到這樣的回答，感受卻很不一樣。從服務業以客為尊的概念來說，聽到「馬上來」的舒服感受，遠遠勝於「等一下」。

同理可證，我在公司內部常常扮演糾察隊，建議或糾正同事的發言。財會單位或後勤單位對業務部門發言提議的時候，過去常常用「你們」這兩個字做為開頭的主體，例如「針對這個議案，在此希望你們能多多配合。」我要求所有同仁，把「你們」改成「大家」，其實中文表達出來的詞義，一點都不會變，但是聽起來真的順耳多了！

「你們」代表你與我是兩個陣營，我從河的這一岸向你喊話，希望你能協助配合；但是「大家」代表著我們是一國的，我以對內部人說話的概念，對自己的夥伴說話，聽起來的感受當然是天壤之別。

你們業務部、你們行銷部，這樣的說法只會把我和你中間的距離推得越遠。既然所有人都是同一間公司的同事，為什麼不多講「大家」，而要刻意區分你我呢？如果這用在談判上，感受更是強烈，「大家坐在這裡，就是為了達成共識，」「讓我們大家一起努力，看看有什麼地方可以找到平衡點！」多使用「大家」，就容易把劍拔弩張、針鋒相對的狀況，盡量的化為自己人，因為我們是為了尋求共識而坐在這裡，不是為了爭吵或對立。

一句「大家」，就把「你」與「我」變成了「我們」，「你的事」與「我的事」，變成「大家的事」。這雖然只是一個很簡單的說話技巧，但是其蘊含的道理和影響，卻在組織內帶來極大的影響！**其重大微妙之處，其實在於「你心裡有沒有別人」，你有沒有辦法把別人的需求放在你自己前面，你有沒有認真思考過別人與你合作和相處時，他們內心的感受**。而這些感受往往都未必能在檯面上講清楚、說明白的。如果你能對這些細微之處有深刻的體認，進而在語言的表達上展現這個「讓別人贏」的關懷，團隊和組織，自然因為有你的存在而更圓滿、成熟！

一點經驗，與「大家」分享。

PS

有個女大學生晚上跑去夜總會兼差上班；有個夜總會女郎雖每天工作，但白天依舊堅持去大學進修學習。這兩個陳述講的是完全一樣的事實，可是用不一樣的說法，感受就會差很多。常常一字之差就會帶來截然不同的結果，人在江湖行走，說話表達不可不慎呀！

40

圓環與紅綠燈

行經圓環的行車模式有高度的不確定性，但大家多半遵循一個準則，繞行後接著轉往你要的方向。這樣的共識下，大家都完成了各自想要去的目的。

日前閱讀到一篇管理文章，給我非常大的啟發。當兩條路交叉形成十字路口時，除了交通流量太小的路口，讓大家自己判斷通過之外，絕大多數談到如何維持交通秩序，通常有兩個答案：設立圓環或以紅綠燈等交通號誌來控管。

如果生活在都市裡，因為空間和效率考量，多半都是以紅綠燈等交通號誌來管控車輛行進或暫停，可能只有在比較特殊或是有較大空間的區塊，才比較能看到圓環的設置。

如果我們有能力決定用圓環還是紅綠燈來做交通路口的行進控制，選擇哪一種比較安全？

根據多年統計下來的資訊，相對於使用交通號誌燈的路口，圓環的車禍率低了七五％，而且車禍死亡率低了九〇％，所以哪一種更安全？哪一種車子通過量較高？哪一種的建造與維持成本較低？以美國的實際統計數據來說，解答全都是：圓環。

通過有交通號誌燈的路口，基本上不需要思考，駕駛人就是看指令辦事就行。注意閃黃燈、紅燈停、綠燈行。另一方面，對照行經圓環的行車模式，所有駛入的車，都有高度的不確定性，但大家多半遵循一個準則，就是讓已經進入圓環內的車先行，然後你再駛入，繞行後接著轉往你要的方向。

台灣一年大概發生十萬件車禍，我們敢說，在發生車禍前十秒鐘，駕車的當事人一定都不知道自己等一下會發生車禍，因為這多數是意外，心存僥倖、不守規則、或是刻意違反所產生的各種意外，你在交通號誌管理的情況下，就會面對這些變數。有規定，就有人心存僥倖違反規定，尤其是高速的違規直接面對另一方的理智氣壯，死亡車禍往往就這樣發生了。

而圓環模式的行車前提，是我們確認所有駕駛人多數是理性的，我們也相信這些理性的駕駛人，都會遵循一些大家有默契的規則，如果你是彎道切入車，你可能需要有禮讓直行車的動作，反過來如果你是直行車，當看到彎道車的排隊情況嚴重，甚至可多一點同理心，讓他們先行進入，這樣的共識下，圓環的整體動線就會更順暢，然後大家都完成了各自想要去的目的。

企業內大多數的組織架構，都是仿效紅綠燈等各類交通號誌，有嚴謹的規範，有層層審批授權的組織架構，這個「紅綠燈式」傳統模式絕非不好，而是「圓環概念」的模式效益，被輕忽了。

圓環形組織的設計，更容易帶來高績效，因為**組織是一種充滿不確定與意外的複雜系統，優異績效不是員工遵從指令的結果，而是集體智慧與自我調適的結果。若能創造正確環境與條件，每一位員工將會在一個共識之下，透過協作和努力，持續找到方法，達成目標。**

我想這才是每位企業領導者想要看見的最好結果吧！

PS

由於五G技術的興起，從物聯網到車聯網的概念不斷的向上提升，未來當所有車子都能聯網的時候，可能所有路口的圓環和紅綠燈都不需要了，所有交通工具都會井然有序的運作。套用到組織來說，就是所有人都具有同一種思維和意識，大家都能遵循同一套規則與概念來行動，這種感覺就如同車聯網一般！如果你想管理好團隊，你會在路口架設紅綠燈？還是一個圓環？

41

從洞見到智慧

有智慧的行為處事，那種圓滿和和諧，來自於行為中的自然呈現，不是我們在說話上的妙語如珠、鋒芒畢露所能掌握的。

有年輕朋友問我，如何成為一個有智慧的人？

曾聽過一個說法，現在資訊滿天飛，能把資訊經過有系統的整理，資訊才會變成知識。而知識經過消化思考和學習，能夠從你的角度、你的觀點、從嘴巴裡講出來給人家聽，這就變成洞見。**但洞見唯有經過親身經歷與身體力行，讓自己不只是「說到」，也能「做到」，那才是智慧。**

每天吸收很多資訊的人，未必有智慧（看看那些整天在電視機前看政論節目的人），相對的，很多很有智慧的人，也未必需要吸收很多資訊（很多避世而居的大儒，在寺廟中修行的大師，好像也不需每天看報紙、上網站）。

把資訊經過系統化整理變成我們理解的、有用的知識，是需要習慣和刻意學習的，否則這個轉化不會自然發生。一輩子都坐在電視機前面玩遙控器的人，並不會因為他看電視的時間超乎常人，而成為一代思想大師，因為這個轉化的過程需要投入，更需要時間的累積。

而知識與洞見的差別，就在於你是否可以表達。在你學習吸收之後，能不能把你所學到的，透過你的表達和語言，展現出來，嘉惠他人。天下最有用的「學」，其實就是「教」。唯有你確實搞懂了，從你口中說出來的內容，才是你個人的洞見。

前面三個層次，其實都在思維上打轉，**唯獨「智慧」這件事，強調的是「行為」，而不是只有思維。一個有智慧的人，是從行為體現出來的**，不是靠一張嘴高談闊論來呈現的。有智慧的行為處事，那種圓滿和和諧，來自於行為中的自然呈現，不是我們在說話上的妙語如珠、鋒芒畢露所能掌握的。

有一句我們常聽見的老生常談：「止謗莫若無辯」，這個境界唯有真正身體力行做到的時候，才能夠體會內在真正的含意，做不到「無辯」，再怎麼說都是沒意義的。桃李不言、下自成蹊，就是這個道理。

資訊、知識、洞見、智慧。其實我們每個人都在這四個層次中生活著，這是並行的、不互斥的存在。這幾年的學習中，我慢慢的從資訊的收集和整理，走向了知識的掌握和洞見的發表（我現在寫文章、您在看，就是一個例子），但是離智慧的展現其實還有大大的距離呀！希望每一個好朋友如果看過這篇文章後，心有所感，都可以去思考一下你的生活。期待大家都能讓生活「更有智慧」！

PS

從第一層的資訊量來說，以現代人每天接受的資訊量，和十幾年前相較，可能早已是過去的數十甚至百倍，但人類並沒有真的變成比較聰明（生活是真的有更便利了），所以從資訊到智慧之間，還是需要我們身體力行的去投入、深思，才會有效果！

42

沒思考過的知識不是你的

你看似學到了很多知識，但就像《愛麗絲夢遊仙境》裡的紅皇后一樣，看似是快速的奔跑、高速的學習，但其實人仍在原地，一步都沒有移動過！

這幾年知識付費頻道大行其道，尤其在大陸，有賴於手機載體的強大功能支持，患了知識焦慮症的大家，每天活在各式的學習頻道裡，每天念茲在茲的，就是要讓自己更強，要讓自己成長！

所以在坊間，諸多知識付費平台真的已經做到極致了！你不知道怎麼選？我幫你選。你擔心時間不夠學？我幫你上標記、畫重點。你不想花太多精力投入嗎？我嚼爛了餵你。你連看的時間都沒有？我用念的給你聽。

但是好多人學了這麼多，聽了這麼多，你真的覺得自己進步了嗎？成長了嗎？

曾聽過一個故事，有人借同學的筆記來苦背，但是考出來成績一樣爛，但借他筆記的人成績卻很好。考差的懷疑借筆記的留了一手，借筆記的只冷冷說一句話「沒思考過的知識，不是你的。」是的，這些碎片化的學習，都忽略了一個最關鍵的事，「沒思考過的知識不是你的。」

因為你所吸收到的，是一堆結論、而不是推演的邏輯，為了速效，它大量簡化了推演的過程，它直接告訴你這些人為什麼能成功？就是因為這五大原因……。**這忽略了每個人可能存在著差異和不同，也忽略了在不同時空情境下，大家面對挑戰時的細膩轉折與深度思維，就好像工廠產出的真空包裝一樣，這些碎片知識，把複雜的多元問題單一化、簡單化，甚至口號化**。你看似學到了很多知識，但其實你並不知道這知識從何而來，或者充其量這還不能算是知識，只是很多的訊息。沒思考過的知識不是你的，這是一個鐵則。求知求學，有時候沒有什麼捷徑，都需要深度的思考投入，然後實踐。

我並不是反對知識付費頻道的存在，或是這些善於歸納整理的「統包式知識傳遞」模式。**我所要強調的，是學習一定要經過思考，經過推演，甚至要經過實踐，然後建立起自己的學習系統，才有可能真的把這些知識吸收成為自己的東西**，否則，就會像《愛麗絲夢遊仙境》裡的紅皇后一樣，看似是快速的奔跑、高速的學習，但其實人仍在原地，一步都沒有移動過！

PS

很多知識付費頻道都稱自己是最好的書僮，但自古以來，我們講得出名號的大儒中，我真沒見過哪個是因為他的書僮很厲害而功成名就的。要成功，其實沒有什麼捷徑，真的都還是靠自己的投入和努力呀！

先通才，再談專才

這群體育菁英，從國中之後就沒有經歷一般人的校園學習生活，因此少了那個年齡層該有的同儕互動能力，也少了課業學習與探索的能力。

在東京奧運結束後，台灣代表隊取得有史以來最好的成績，但成功的背後，有些地方值得深思。

摯友曾任職於知名大學體育學系，一次閒聊時談到了他的特殊經驗。某個暑假，他接到任務赴左營訓練中心幫國家培訓選手，國家希望他在兩週內為大學生國手們上完一整個學期的課程。課程結束後，他總覺得這群年輕人有些特別的地方，但是到底哪裡奇怪，現場卻又說不上來，就帶著這個奇特的情緒完成了政府交代的任務。

回家後想通了，這群國家培訓的選手，雖然生理年齡是二十來歲，但是他們的談吐、思維，卻像是十五、六歲的國、高中生，在交流後的這種違和感，就是感覺「怪怪」的理由。

這群體育菁英，從國中之後就沒有經歷一般人的校園學習生活，絕大多數的時間都投入專業運動訓練，因此少了那個年齡層該有的同儕互動能力，也少了課業學習與探索的能力，在其他同齡者積極投入「萬般皆下品，唯有讀書高」的階段，這群體育菁英恰恰反過來，變成萬般皆下品，唯有「體育」高。**而在這個階段該有的學習成長，從莘莘學子轉化為社會公民的能力，就被剝奪了**。結果，除了少數站在世界頂尖的特例之外，其他運動選手在退役後，都會面對一個踏入社會血淋淋的考驗，就是，除了運動技能，我能做什麼？我要怎麼融入這個社會？

當然，我們不能只用一、兩個觀點來評斷整個體育養成體系的優劣，但是，讓年輕運動員在衝刺其專業項目的同時，也能做全面性的成長與學習，是否可能帶給這些運動選手，更全面的生涯規劃？

其實，從企業經營管理層面來說，企業界很喜歡任用有體育專長或背景的員工，具籃球或棒球背景的夥伴，往往比一般人更懂得分工合作的團隊精神，而有出色的表現；跑馬拉松或鐵人三項的同仁，常常都有更優於常人的自律能力和紀律，而能展現卓越的成績。但殘酷的前提是，這個年輕人必須先具備通過基本門檻的能力，才能取得培育潛力的資格。先通才，再談專才。

PS

美國的教育體系是沒有體育班的，所以我們認識飛天遁地的美國運動明星，都不是「體育科班」的學生（麥克．喬丹是北卡羅來納大學地理系畢業的），他們多數經歷過相對完整的基礎教育（在美國成績不好不能打校隊），或許這也是西方的運動員們，在媒體受訪時更能侃侃而談、言之有物的原因，這點值得我們思考借鏡！

44

虛擬人生

如果有一天發生了意外，讓你一無所有，回到原點，到底什麼是你最珍惜的？那一些得不到的、放不下的，都真的那麼重要嗎？

老爸，集團董事長，是一位很有智慧的企業家，他的幽默智慧和總經理老媽的強大執行力，形成一種高度的互補；兩位創辦人的個性，也形塑了旭榮集團的文化特色：輕鬆自在卻又關注細節，開朗樂觀但又重視績效！

很多認識老爸的朋友常常跟我說，老爸根本就不像他那個年紀的人，他的外型、行動能力、做事風格和氣息，常常會讓人誤認比實際年輕個十五歲！他有很多創意的想法和做法，甚至是我們年輕一輩想不到或是做不到的。

有天，老爸在吃飯的時候，講了一個我和老媽都沒聽過的故事。他在前一陣子跑到萬華龍山寺附近，去體驗做「一日街友」的生活。他並不是參加什麼網路上的行程，就是換個穿著，調整心情，扎扎實實的去體驗街友如何過日子！

他就在公園裡，跟著街友們坐了一天，就像是一個新來的，不懂就問（老爸本來就很會聊天），大家做什麼，他就跟著做什麼……，就這樣過了一天。我問他中午吃什麼？他說剛好當天有人來布施還願飯。龍山寺附近有很多餐廳都有這樣的服務，若大家到寺裡面許願成功，要還願的時候，就去旁邊的餐廳說明你要訂還願飯，還可以指定天數、內容等等，附近的街友就可以享用到這樣的服務。

我問老爸為什麼要這樣做？他說他其實在想像一個「虛擬人生」。我們人生常常很多時候會有一些過不去的關卡，要嘛得不到，要嘛放不下。其實，如果有一天發生了意外，讓你一無所有，回到原點，到底什麼是你最珍惜的？那一些得不到的、放不下的，都真的那麼重要嗎？他就是讓自己真的變成一個街友，去感受如果真的這樣，要怎麼過人生？然後再回來自己本來的世界，對很多事情的看法，或許就會更透徹。

到了晚上，在最後離開他坐了一天的坐位時，老爸透過一位剛剛聊天才認識，來布施還願飯的大德，老爸付錢，請他幫忙再多訂幾天的還願飯，分享給諸多街友們。

虛擬人生，或許也是一個我們遇到困難、心結的時候，可調整的思維方式和解答吧！

PS

一、每位街友其實都有他自己的故事與遭遇，人生見識都未必在大家之下，歡迎大家做好事、廣布施，但請不要忘了人與人之間，都需要最基本的尊重。

二、聽完老爸的敘述，我悠然神往，跟正在同桌吃飯的老婆大人說，「如果有機會，我也想去試試當個一日街友！」老婆大人打量了我一下，一邊夾菜一邊淡淡的說：「台北的街友沒有你這麼胖的，你這種身材，怎麼看都不像……」

Part IV

【為人父母篇】

別教孩子「乖」

「你為什麼老是不聽話？」「我這樣做是為你好！」
乖，就是要求孩子表現出我們大人想要看到的樣子嗎？
如果孩子懂得為自己負責，何必要求他乖？

45

讓孩子贏

我們做父母的，所能做的最好的事，就是確認我們的下一代能在一個獨立、自在、安全的環境中長大……

我是一個企業經營者，也是一個父親。我有三個可愛的小朋友，現在老大哥哥上國中，雙胞胎兄妹倆上小學。當年在生老大之前，我就在想，我要怎麼樣扮演父親這個角色，因為生活中的我，勢必會非常的忙碌。

我一直很認同小野先生所說的，父親要像山一樣的存在。我們不一定天天去爬山，但是當你想親近山的時候，山，就在那裡。同理，或許我不能每天都陪在孩子身邊，但我可以確定的是，只要在孩子身邊的時候，我可以保證我的心就在他身上。

有些爸爸天天回家，但是回家後，心卻不一定在孩子身上。也許是坐在沙發上看電視，也許是滑著手機處理事情，有一搭沒一搭的回答孩子的問題。人雖然回家了，心其實還在加班。那樣的話，不論人有沒有回家，其實都是一樣的。

我一直覺得我已經很幸運了，因為工作的關係，我的確需要頻繁的來往亞洲各國，雖然不用很長期的派駐當地，但常常一整個月出差不在家的總時數高達一半。但由於我是短天數來回，至少週末都還能撥時間帶小朋友出去走走。要同時兼顧經營者和父親，真的是一種藝術和選擇！

對小朋友生活上的事項，我並不插手管理。其實，每次看到大兒子吃飯狼吞虎嚥的樣子，都想出口講講他，但隨後想想，我自己也不一定都做得到（吃相不好看，搞不好我比小朋友更誇張）；另外一點是，會開口念他、糾正他的人已經太多了，還真的不缺我這一張嘴，就放他一馬吧！我有個能全心全意投入照顧孩子生活的好太太，所以小朋友生活上的庶務就讓她全權管理，如果我偶有時候要介入管理，但是人又常常不在，反而可能造成一種信念和規範不能持續的困擾。

如果生活上的瑣事不管，那爸爸管什麼？**我個人認為爸爸要負責激發孩子學習的熱情，並創造孩子生活中的快樂。對一個父親來說，這是不用每天在身邊，都一樣可以做得很好的任務。**

閱讀過諸多文獻和資料，我發現其實父親扮演的角色，常常是觀念的塑造者，孩子的觀念、對於事物的看法、對於生活態度的詮釋和界定，其實往往是由父親扮演一個潛移默化的角色。言教不如身教、身教不如境教。父親所創造出來的環境，父親怎麼樣扮演一個在社會人際中的角色，其實都深深影響下一代的思維和想法。身為父親，尤其對同性別的兒子，影響更是深遠。

所以在老大從幼兒園畢業進入學齡期後，我們沒有選擇私校或是國際學校、公立學校，而是選擇了華德福的教育體系，後來再加入體制外實驗教育的學校。我希望他在低年級時，能在一個比較自然而且被充分尊重的教育環境中成長。曾有很多朋友詢問我同一個問題，你讓小朋友念體制外學校，那他未來如果要轉回體制內時，該怎麼辦？

我也就一樣的問題問過華德福的董事長，也就是大家所熟悉的嚴長壽先生。

他問我，你覺得小朋友未來要在這個社會生存，應該要依靠哪些技能？答案不應該是國文、英文、歷史、化學等等學科吧？嚴先生認為，應該是以下三項能力：

一是**與人相處的能力**。

人類是群居的動物，未來任何的工作或學習，一定都離不開人與人之間的相處，所以人與人相處的能力，其實是最基本的。但是我們現行的教育體制卻沒有著重在培養這件事情，甚至因為對於分數成績的追求，反而是逆向的在詆毀人與人之間那種最純真善良的價值（尤其是對小朋友尚未成熟的心智來說）。「與人相處能力」的訓練和培養，是人之所以能在社會中成長的關鍵之一。

二是**解決問題的能力**。

其實，生活和生命就是不斷的發現問題、創造問題、然後解決問題。解決問題的能力，往往也決定了他的人生過得好不好、快不快樂。現在很多年輕朋友，由於父母親的過度呵護與照顧，基本上沒辦法自己擔負起責任，去解決自己或是家庭的問題。變成父母親必須時時刻刻跟著他、協助他，也就是我們常講的「媽寶」。如何讓孩子具備解決問題的能力，我認為比學習任何的學問都來得重要。

三是面對挫折的能力。

人生不如意事，真的十常八九。挫折對於人生來說是很常見的，不論是處在哪個年齡層、哪個狀態都一樣。但是很多孩子也許平常已經習慣太多的掌聲，或是在生活中過度的被保護，以致未能在成長過程中體會挫折這件事情，也不知道如何與挫折相處，等到出了社會，才發現這是一個極為重大的問題。

嚴先生笑著說，在華德福，學的其實就是這三件事，至於那些學術性的學科，不論是在哪學、怎麼學、學得好或是不好，基本上好像就不是那麼重要了。哈哈哈，感覺起來，我好像變成在替華德福打廣告了。其實任何教育體制，當然都有它的優缺點，適才適性，我想就是最重要的關鍵。

未來，當我的孩子們有思考能力時，我會將他人生的選擇權還給他，讓他決定要去哪念書，讓他決定他要走向什麼樣的道路。其實我們做父母的所能做的最好的事，就是確認我們的下一代能在一個獨立、自在、安全的環境中長大，**身為父母的我們，可以決定在不一樣的時期，扮演不一樣的角色，來陪伴他的成長**。

我認為一個稱職的父母，並不是要去掌握他、控制他，而是要引導他、帶領他，讓孩子贏！因為人生是他的。雖然他的生命因我們而來，但是我們並不擁有他，這是很多父母看不破的，也是我們做父母的，一輩子要修的功課！

PS

其實說起來容易，做起來可真難。「人生是孩子的，請將所有權還給他」，很多父母嘴上會說「那當然呀！這不是廢話嗎？」但現實生活中，卻往往做不到啊……

主觀的愛不是愛

你覺得這樣做對他好，是真的經過驗證？還只是你自己這樣想？這個「好」的定義，是來自於客觀事實，還是來自於你的認知？而你認為的正確，就真的正確嗎？

聽過一個好朋友分享他的故事。他的母親也是一個成功的企業家，執行力強、績效卓越。他母親在家裡常常會說，「小男孩天天一直抱著，會讓他養成依賴性，這樣對個性不好，」所以，這位婆婆常常告誡他老婆，不要沒事老是抱著小兒子，他小兒子個性外型非常的療癒系，當他耍可愛、撒嬌的時候，大人都會忍不住想去親親、抱抱他。

有趣的是，常常在餐桌上，婆婆板下臉來訓斥完他老婆之後，看到他小兒子從後廳跑出來，就開開心心的張開雙手說，「來，阿嬤抱抱！」我朋友看到這一幕，有時真是哭笑不得。你說這是故意的嗎？當然不是，這是出於下意識的舉動。有趣的是，為何人家抱小朋友，會被解讀是養成孩子軟弱和依賴的舉動，而您老人家抱時就不是？豈不是只許州官放火，不許百姓點燈嗎？

其實說穿了，關鍵也就是「主觀」一詞而已。曾經在網路上看過一個笑話（但我認為真人真事一定差不多）：天氣微涼，小朋友一字排開，都還是穿著短袖，唯獨小美穿著厚厚的羽絨衣還加棉襖，老師不禁問小美：「妳怎麼會穿這麼多？」

小美幽幽的回答道：「報告老師，有一種冷叫『你媽覺得冷』……」

是東方人父母不相信小孩子身體有冷熱調節的能力嗎？還是台灣小朋友沒有汗腺？

這當然都是開玩笑的話，但重點是，台灣很多大人，就算認為小孩子具備這樣的決定能力，他們還是不放心，要再加上自己的意志做決定。所以，很多事最後都是父母代替做決定，大人覺得是什麼，答案就應該是什麼。

父母親的主觀、決定小朋友人生的大小事。在你眼中，抱小朋友是不好的，但是等自己要抱小朋友的時候，標準就不一樣了，這就是主觀，而且當事人往往是不自覺的，除非他人從旁提醒。

反映到生活上，「你為什麼不多穿一件外套？」「你為什麼不吃青椒？」「你為什麼交這個男朋友？」「我這樣做是對你好，你怎麼還不感激？」「我是為了你才這樣做，你講話那是什麼態度？」這些是我們多常聽到的兩代對話呀！但這些話可能都包含著主觀，自以為是的思考，缺乏利他能力的思維！

你覺得這樣做對他好，是真的經過驗證？還只是你自己這樣想？這個「好」的定義，是來自於客觀事實，還是來自於你的認知？而你認為的正確，就真的正確嗎？我相信很多為人父母的朋友，如果把自己講的這些話，客觀的拿出來評斷，應該會流下冷汗，原來，我們是如此的主觀！**主觀的愛不是愛，反而因為強迫他人接受，而產生不快樂和距離感……這不是真正的愛會產生的東西。**

那該怎麼辦？其實解決方法太簡單了，就是要站在對方的角度，多想一想，己所不欲，勿施於人，就是這樣。如果你不希望別人用這樣子的語句和模式對你說話，你就不要用這樣子的方式對人家，用你希望被對待的方式對待他人，多多換位思考，替他人多想想，如此而已！

PS

其實講人家主觀，我自己也很常犯主觀的毛病。任何事皆無絕對，教養的本身也一直在尋求平衡。做為老爸，在孩子還小時當玩伴，求學時當朋友，長大後當顧問，不要什麼時候都想當老師，無時無刻都想要去指導人家、講個兩句。對於兩代間的意見摩擦，如果彼此有「讓對方贏」的利他思維，那兩代間的溝通，應該會順暢很多。

47

你是不是一個乖小孩？

「我不知道為什麼一定要回答乖？我覺得我自己真的就不是很乖，可不可以？」

老大小齊是一個很靈活的小朋友，我無法回憶在他這個歲數的時候，我心裡到底在想什麼，但是依據那時的大環境，肯定沒有他生活得這麼多采多姿，靈活多變。

我生平第一次打籃球，是在國中一年級的時候，我會知道看NBA並且著迷，是我高中的時候。但是現在的小朋友，還沒有上小學就已經在打籃球了，小學三年級，基本上就已經是NBA的評論員，現在小朋友的心智成熟度，遠遠超越了過去，一樣是三年級，但是現在的三年級，和二十年前的三年級，可能是完全不一樣的狀態。

小齊的阿嬤，也就是我的母親大人，最喜歡問他：「你今天乖不乖？」

小齊說，「我不知道為什麼一定要回答乖？我覺得我自己真的就不是很乖，可不可以？」小齊問我。

什麼叫「乖」？

乖就是小朋友依據大人的喜好和需求，呈現出我們想要看到的樣子！

乖，代表著不違抗、不反對，放下自己的意見，以大人、長輩、父母說的話馬首是瞻。

乖，代表著，我不建議你有自己的想法，也不建議你做出我對你期待不一樣的行為，因為，這些都會違背了我對你的設定，我覺得你應該是那樣，你就應該是那樣。

乖，代表你符合大家對你期待的樣子，是團體裡面的一份子，不突出、不搞怪、不惹事、不要特別。

我們的傳統文化裡面，常常講棒打出頭鳥，我們對於標新立異、特立獨行是不太贊同的。所以我從不問小朋友你乖不乖、聽不聽話？你是不是一個乖小孩？我會問他問題，對這件事情，你的想法是什麼？如果你覺得你做錯了，再一次可以哪裡不一樣？你學到了什麼？

但同時間我也會告誡他，你是一個獨立的人，因為爸爸、媽媽、阿公、阿嬤都很愛你，所以如果你有需要幫忙的時候，可以找我們。

但是別忘了，你自己做的事，自己要負責。

自己玩的玩具，要自己收好。

別人煮的飯，你夾到盤子裡的，自己要吃完。

吃完的碗筷，要自己收拾。

你可以自由做你想做的事，但是這一切的自由都以不傷害、打擾到其他人為原則。

晚上的時候你太大聲喧嘩，會吵到鄰居。在地板上拍球，會吵到樓下。這些都是會影響到其他人的事情，就不能算你要怎麼樣就怎麼樣的自由。

其實，我們都希望孩子很完美，能裡能外，又聽話又乖巧、又有主見、又會思考、光宗耀祖，什麼都包了。但是我們往往都不會看到做父母自己的一身缺點，脾氣大、EQ差，自制力低下，一堆毛病甚至遠遠不如年紀輕輕的小朋友……

自覺，是一件不簡單的事，教育更是如此。所以「言教不如身教」這句話流傳了這麼多年，真的有它的道理在。

PS

這篇文章希望能提供給大家一個不一樣的想法，或許，我們不一定總是要求小朋友當一個「乖小孩」，他可以有他的想法，而且這個想法，應該要被尊重。你可以不乖，你可以和大家不一樣，但是你要尊重他人，你的自由以不侵犯他人自由為原則。我相信小朋友的未來，自然會走出一條路的。

48

孩子，分享是美德，但沒有人可以強迫你

我們常常要求孩子們要分享，甚至強迫他們分享。試問，在成人世界中，你會願意無償的去分享你的財富嗎？對很多人來說，那樣的行為，和搶劫沒什麼兩樣。

分享，常常是很多家長強調的美德。在我們家裡，三個小朋友是均等的，我要求每個孩子都要尊重每個人對於物品的所有權，就算是我們父母與其他小朋友，也是一視同仁。我們東方傳統儒家思想中，家天下的觀念讓大家不尊重所有權，在家天下的世界觀中，天下所有的財物，都屬於皇帝。同樣的，在很多父母心裡，家裡面所有的東西，都只屬於父母。

但我認為這是不正確的。

如果我們已經將東西送給了小朋友，這東西的所有權就應該是小朋友的，而不是父母的。父母如果對這個東西的處置有意見，都應該詢問物品所有權人，也就是主人的想法，他的決定才能算數，不論他幾歲，只要他有認知的能力，我們都要尊重他。

很多父母的行為，其實都像假民主一樣，我送給你東西，其實都是假的，骨子裡我還是認為我對東西有支配權和所有權。當我覺得你對這東西的處置得當，合我的意，我就認為東西還是你的；但如果不合我的意，我馬上就否認你的所有權，東西重新變成我的，等到你順了我的意思時，我再把所有權還給你。如果孩子夠大，對我們這樣的作為提出質疑，我們就用一句「我們是為你好」來當藉口。其實這種行為的背後，來自於我們的自傲與自負呀！

我之所以會這樣想，來自於我想要傳達正確的觀念給孩子——**尊重他人的所有權，也要保護自己的所有權**。相對的，我常常覺得，很多時候所有權的概念都被濫用了。例如，我們常常要求孩子們要分享，甚至強迫他們分享。試問，在成人世界中，你會願意無償的去分享你的財富，只因為對方向你提出要求嗎？我想大多數人是不願意的，對很多人來說，那樣的行為，和搶劫沒什麼兩樣。既然這是我們大人世界裡不願意發生的，為什麼我們就要強迫孩子們接受呢？

當你的小孩不願意與其他孩子分享玩具時，作父母的往往會為了展現所謂的寬容大度，搶自己小朋友的玩具給人家，然後說這是一個人應該有的好行為？

分享的確是美德，但這一定要建立在個人意願的基礎上，我分享是因為我願意，而不是因為被強迫，或是被挾持。要不然這就等同於大人世界的不樂之捐。

如果有其他小朋友想要玩我們家小朋友的玩具，我會請他直接和我們家小朋友溝通，去和他借借看。其實絕大部分時候，小朋友是樂意分享的。當然我也遇過小朋友不願意分享的情況，我會問他原因，當時他告訴我，想借玩具的那個小朋友很凶，所以不想借他。對於我來說，我也常常拒絕態度不佳，或是自以為是的求助者，不是嗎？有時候懂得說不，別人才會珍惜你的好。所以，我尊重也理解小朋友的決定。至於我們是不是可以體諒人家的行為，或是再給他一次機會等等，那是另外一個層次的教育和討論，但是原則上，尊重小朋友對這一個東西的所有權，是最重要的準則。

但如果其他小朋友是來借一個公共的玩具，例如公園的盪鞦韆，那時候我就會很明確的告訴我的孩子，這東西是大家的，每一個人都可以玩、可以用，你沒有權力不讓人家玩，因為這不是你的。所以無關乎來排隊的小朋友你喜不喜歡，你必須合理的讓出使用權，可以輪流，不能霸占。

而如果這東西是人家的，主人回來索取了，同理可證，你能和主人商量，能不能再讓你玩一下；如果主人不願意，那你必須要馬上歸還，這是相對的尊重。

一樣的觀念和原則，不僅僅是對待外人，自己兄弟姊妹之間也該是一樣的。俗話常說親近而生侮慢之心，我們對於身邊最親近的人，卻常常忘了最基本的尊重和禮儀。尤其做父母親的更應該如此，而不是爸爸叫你給弟弟，你就要給弟弟，媽媽叫你讓哥哥，你就要讓哥哥。如果我們能做到這點，才是真正的實現了對孩子的尊重，還有對孩子所有權的尊重。如果弟弟要玩哥哥的玩具，請跟哥哥借，如果哥哥願意借你，就沒問題；如果哥哥不願意借，那是哥哥的意願，我們要尊重。但是哥哥相對的也要承擔今天不願意出借的影響和後果，「凡事皆可行，只是未必有益處。」這句話來自聖經，我雖然不是基督徒，但是我很認同這句話。

東方體系中，因為文化習慣的關係，我們常常會用「我們愛你」「我們是為你好」，來告訴小孩，然後幫他們做決策，為他們做決定，越俎代庖去處置孩子應該擁有的支配權和所有權。等到孩子無法承擔責任的時候，才發現這一路來，我們的思維是錯誤的。有因就有果，這是最自然的道理。

PS

「尊重」是一切的根本和基礎，你尊重孩子，孩子就會尊重你，你尊重他的所有權和一切，孩子就會尊重他身邊人、事、物的所有權和一切。

49

孩子，你的人生是你的

我們希望把小孩子當成機器人般，只要輸入程式碼，他們自然就會照我們希望的那樣吃飯、行走、說話、睡覺？那樣想的話，真的就大錯特錯了！

這幾天看到小齊被他媽媽從早上念到晚上，晚上吃飯時，因為功課沒寫完，又被媽媽釘得滿頭包。看著老婆大人聲色俱厲的猛烈砲火，再看著脹紅著臉，想反駁卻又無能為力的孩子，我突然心思飄到了其他地方……

還記得我們在孩子出生前對他的期待嗎？「健康就好」，我相信是天下父母最基本的期待。老婆大人在懷他的時候，我曾問老婆，你對小朋友有什麼期待？從阿公、阿嬤到媽媽，大家的答案都一樣，期待他健康就好，快快樂樂的長大，當一個有用的人，但怎麼看起來現在都不是這樣了？

在東方文化裡，我們常把孩子視為自己的資產和意志的延伸。如果父母親沒有上過大學，我們就希望孩子能好好念書，甚至讀個博士，青出於藍、光宗耀祖，於是我們老是用一句「我是為了你好」掛在嘴邊。但讓我們仔細檢視一下，到底你是為了孩子好？還是為了自己好？我們會不會看起來像給孩子選擇一條對他最有利的道路？但其實那只是我們某種程度滿足自己私慾的一個包裝……

「你們的孩子不是你們的孩子，乃是生命對自身渴求的兒女……，他們只是經你而生，並非從你們而來。他們雖與你們同在，卻不屬於你們，你們可以給予他們的是愛，而不是思想，因為他們有他們自己的。」

紀伯倫〈先知〉

當我讀到這段話的時候，感受很深。尤其是對我們深受儒家文化影響的東方人。在西方的基督教文明裡，人生最重要的那個人，應該是配偶和伴侶；但是在我們東方文化中，最重要的那個人，並不是你的另一半（看看我們古語中，甚至有兄弟如手足、夫妻如衣服這樣的講法），而常常是你的上一代或下一代，對親生父母就不用多說了，但是更多人是看下一代，甚至視為比自己的一切還重要。

這是種難以承擔的負荷，這就像對孩子說，「我愛你，但是請你要依照我的方式過人生」，講得更白話一點，這就好像在告訴孩子，「你的人生是我的，不是你的，」我會為你的人生做所有的重大決定，所以「媽寶」、「啃老族」這些新時代的詞彙才會出現。我們希望把小孩子當成機器人般，只要輸入程式碼，他們自然就會照我們希望的那樣吃飯、行走、說話、睡覺？那樣想的話，真的就大錯特錯了！

教育的本質，並不是來自於控制，而應該來自於學習。

這個學習不是來自於我們強制灌輸給他的，強迫他一定要成為的，而應該是我們鼓勵他自發性生長出來的，這是他原生的樣子、該有的樣子、適合的樣子、舒服的樣子。學習來自於模仿，所以我們父母親是什麼樣子，小朋友自然就會是什麼樣子。我們孝順父母，你的小朋友自然就會孝順父母；我們真誠待人，我們的下一代自然就會真誠待人。現在很多父母，說是一套，做是一套。一方面滿口虛偽的去應付這個世界，另一方面轉頭要孩子不能撒謊、做人要誠實，那不是最大的矛盾和笑話嗎？

孩子！你的人生是你的。爸爸媽媽只是陪你走過人生旅途的一段，在你摸索學習的時候，給你一點幫助、給你一點建議的人。在你小的時候，當你的玩伴；你在讀書的時候，當你的朋友；在你長大以後，或許可以當你的教練（如果你需要的話）。但是，我還是要告訴你，人生是你的，你要為自己而活，不是為了爸媽而活。這是爸爸對自己，也是對你的期許。

在這裡也要提醒天下所有的父母，教育之道無他，愛與榜樣而已！

PS

我在這裡寫文章很容易，但真要面對去帶這三個小朋友，那真是瑣事一堆，真的煩！老婆大人如果在這樣的情境下，還能輕聲細語、好言勸告，那修養的功夫，真的就超凡入聖了！

從五子棋聊「學習」

我看著孩子和名人的對戰，結束後，我問孩子感覺如何？「收穫太大了！」他說，雖然只是一兩盤棋，但真正的打開了視野！

我從國、高中開始就很喜歡下五子棋，大學時還帶著棋盤去住宿舍，召集同好成立棋社，還辦了輔大有史以來第一場跨校的五子棋大賽。但大學畢業後，一方面沒有時間，另一方面當年的老棋友對手們也都忙於工作生活，疏於聯繫，這個興趣也就慢慢的淡化了。

直到後來結了婚生下老大，因為他的名字裡面有個「齊」字，所以家人都叫他小齊。小齊從五歲中班開始，我陪他玩各種桌遊、牌戲；到了六歲以後，理解力慢慢提升了，我就開始教他下棋。下棋是需要對手的，我們一起下跳棋、象棋、西洋棋，當然也包括了我以前最常下的五子棋。

一場五子棋對戰，可以很迅速的比完。不像圍棋一盤動輒好幾個小時的投入（當然，如果是世界盃等級的五子棋賽，那又另當別論了），這可能是小朋友喜歡的原因吧。下棋可以訓練邏輯思考和判斷，所以我也很樂意陪小朋友下棋。小齊六歲接觸五子棋，後來慢慢的變成興趣，我和他父子倆就常常五戰三勝、七戰四勝的廝殺。從一開始他贏不了我一盤，到後來慢慢的接近七比三、六比四，剛過完七歲生日時，已經是五比五的實力了。

有一天小齊告訴我，他希望變得更強，有什麼方法可以讓他變得更強？我說那爸爸帶你去買書看棋譜吧！買了書之後，我們一起研究，再上網找資料查證搜尋，甚至很多的觀念和想法，這些年來的規則和進步，都是我二十幾年前學生時代所不知道的。

過了幾個月，無意中在網站上搜尋到台灣五子棋協會舉辦名人賽，如同圍棋和象棋一般，「名人」是一種頭銜，這個比賽是台灣頂級高手薈萃的賽事，我們父子倆興沖沖的跑去觀戰。我們是現場唯二的觀眾，很有緣的，遇到目前台灣在五子棋領域的第一高手，也是現役的名人。在休息時間，小齊希望能有和他對戰的機會，「好呀！」台灣第一高手很爽快的答應了。我看著孩子和名人的對戰，真的是開眼界了，原來五子棋還可以這樣下！結束後，我問孩子感覺如何？「收穫太大了！」他說，雖然只是一兩盤棋，但真正的打開了視野！

又過了一段時間，看到另一個活動，是某小學的五子棋社團老師專門為有興趣的小朋友舉辦的。我排除萬難興沖沖的帶著小齊去參加，這是他第一次可以和同年齡的小朋友下棋，他既期待又興奮。我們到得比較早，在活動現場，由於其他小朋友還沒有到，負責指導的老師請另一位五子棋初段的大人助教，陪著小齊下一盤棋，看看他程度到哪裡，再幫他找對手配對。結果小齊居然下贏了，而且助教並沒有放水。這場棋引起了現場大家的興趣，接著其他的大人過來挑戰，小齊還是贏了！

舉辦活動的五子棋老師說，你這位小朋友比較特別，現場可能沒有其他的小朋友可以和他下棋，可能需要大人陪他下了。後來老師補充說，你們要不要考慮參加下個月的公開賽，我想以你這位小朋友的棋力來說，有可能超出同齡太多，如果參賽，應該會有不錯的名次……

這真是一件有趣的事。我並沒有將五子棋老師的評價告訴兒子，只跟他說老師覺得你下得不錯，但是還要再練習，然後我就為他報名了下個月的五子棋公開賽。

我突然想到一個故事，有看過《灌籃高手》漫畫的朋友都會知道這個角色，山王工業的澤北榮志。故事大意是說澤北榮志的父親是個籃球迷，從小就訓練澤北打球，甚至為了兒子搬到鄉下，在後院架起了籃球框，然後每天就是和兒子一對一練習，比完後就告訴他兒子，你自己好好想想你為什麼會輸？兩個人就天天這樣一對一的比到了國中，澤北終於打敗了他爸爸，在加入球隊後，沒有經過正式訓練的澤北，變成了日本高中的最頂尖籃球員。

這個籃球漫畫在我這年紀的男性朋友中，幾乎是無人不知。我想到了這和我教孩子下棋，其中的相似之處，忍不住莞爾一笑。由於大兒子從開始接觸下棋的對手就是我，對他來說，一開始學習就要面對我這個等級對手的思考應對，變成一種常態，我常常對他講一句話：**不要靠你的對手犯下低級錯誤而獲勝，要贏就要扎扎實實的贏**。在和我日復一日的對戰中，我們每次下完棋都會覆盤，去確認剛剛下的那一手，到底問題出在哪裡？如果下另一個地方，會不會改變勝負？而我看到其他小朋友，下完棋有了輸贏，贏的高興，輸的喪氣，然後就結束了，這樣是不會有進步的。

當真是拳怕少壯，這樣不過僅僅是認真幾個月的時間，他超越了我好幾年的棋力，接下來他遇到了名人，初窺這個領域的最高殿堂，學習到這件事情高段、最純粹的本質、最重要的觀念。我們下棋的一般人，都會著重在局部的纏鬥，但是和名人下的那一兩局，我們完全體會到了不一樣層次的概念，一種**「大局觀」的思維，而不是把自己局限在局部的纏鬥之中，這樣的提升如同從打街頭籃球到參與 NBA 正式競賽的落差！**

五子棋全國公開賽開始了，一早我們一家人趕往會場。小齊人生第一次面對這樣的比賽陣仗。近百位小朋友兩兩捉對廝殺，比賽總共要打五輪，每一輪如取得兩勝得四分，一勝一和得三分，兩負的話就零分。在第一輪之後，同分的再對戰，最後積分最高的獲得冠軍，以此類推名次。

小學一、二、三年級是普規乙組，四、五、六年級是普規甲組。現場洋溢著濃厚的比賽氣氛，除了小朋友外，還有眾多望子成龍、望女成鳳的家長們。大家都摩拳擦掌，手心冒汗的期待比賽開始，在簡短的大會致詞及規則說明後，比賽正式展開。結果第一輪打完，小齊哭喪著臉跑來找我，剛剛第一場就輸了，因為太緊張下錯。他覺得對手並不強，但是一個不小心失誤就輸了，戰績一勝一負。

我跟他說，靜下來慢慢打，第一場輸不代表整個比賽結束了。反正也不是要追求全勝，就一場一場慢慢打，好好享受比賽的過程吧！結果，從第二輪開始，想不到他一路過關斬將，再也未嘗敗績，真的打到最後一輪時，和另一位沒有敗績的小學三年級對手對決，對方大他兩歲，已參賽數次，棋風剽悍，本次比賽未嘗敗績。很厲害的對手呀！小齊則是第一次參加，完全是初生之犢對沙場老將的概念。

兩盤激烈的大戰，各持黑子進攻一次，現場外圈圍了數十人在看這兩個小朋友廝殺。一陣驚濤駭浪之後，小齊站起來振臂歡呼，贏了！他奪得最後兩勝，取得冠軍！

賽後，我問小齊，「這次比賽都是靠你自己一個人的努力，才會贏得冠軍嗎？」他歪著頭想了一想，「當然不是呀！」他回答。「那你有沒有覺得你應該還要感謝誰？」我又問。

「首先要感謝爸爸你吧，因為是你帶我學五子棋的，」哈哈，小子果然還不錯，知道感恩。「還有呢？」我繼續問。「要感謝媽媽讓我每天可以玩，還有阿公阿嬤有時候願意跟我玩，還有老師教我下棋。」他回答。

「除了要謝謝大家之外，你有沒有覺得還學到了什麼？」我又問。「我覺得做人不可以太驕傲，」他說，「為什麼？」我問，「第三輪的時候，有一個小朋友跟我說，你完蛋了，我要打爆你！後來他兩場都輸給我，就很生氣的走了，後面的比賽都沒有完成耶，我覺得他好丟臉喔！」小齊說道。

「還有沒有？」我繼續問，「有！如果一開始輸的話沒有關係，不用放棄，後面只要好好努力，還是可以打回來的！」小齊認真的回答。

真的，我覺得如果這一個觀念在他心裡面萌芽了，那真的是一輩子受用不盡呀！

言教不如身教，身教不如境教。環境是最好的老師，是幫助一個孩子成長、茁壯的最佳途徑。很多事情我不告訴他答案，讓他自己去想、去思考、去學會感恩、去體驗自己在這次活動中的重要學習與獲得。

當「學習」這件事情，由被動化為主動時，孩子會自己找資源、找機會，自己去創造舞台和空間，因為這是他喜歡的。當他把時間花在這件事情上的時候，他就會很快樂。五子棋只是一個例子，生活中太多大大小小的事情，都可以用這樣的概念思考。就如同我們常常講的道理，我們是教他如何釣魚，而不是直接給他魚吃。這樣他將獲得一輩子自己學習並且找到快樂的能力。

這是他人生的第一場大型競賽，現在的他還小，也許再過幾年，對於這個遊戲他就覺得沒意思了，不想玩，那也就由他去吧！人生是他的，不需要為了滿足上一代的要求和期待而活，但是這次得到冠軍，相信在他心中已經留下了很棒的回憶。孩子，你的生命勢必會充滿一連串的競爭，但記得，人生不必只有競爭。

PS

回家以後小齊問我，請問可以抱獎盃一起睡嗎？我說不行，因為會壓壞。請問可以帶去學校嗎？不行，你不覺得這樣太愛現了嗎？結果第二天，他還是帶獎盃去學校了。

學會道歉

如果大人願意道歉，小朋友看在眼裡，他會知道道歉是一個好的行為、勇敢的行為。你會道歉，你的孩子在他做錯事的時候，就會道歉。

這是幾年前發生的事。有一個週末和老大去露營，回家後他身心狀態都很累。老大的個性是一個有起床氣、容易遷怒的小朋友，晚上叫他吃飯，他的情緒不好，說話很不客氣。我提醒他，你心情不好是你自己的事，請不要影響他人。他非常不客氣的大聲回嘴，還帶著肢體動作。爺爺奶奶都在現場，看著小朋友發脾氣，我按耐著性子，嘗試跟他講理，但是他越講越大聲，我知道自己已經逼近臨界點了。

我轉頭先和爺爺奶奶說，我現在要出手管小孩了，先跟您們講一下。接著我抓住老大，幾乎是以老鷹抓小雞的方式拖到房裡去，關上門，以摔角選手拋摔的方式把他往床上一扔，跨上去，壓住他的身體，扒下褲子就準備要動手打屁股了。在最後要動手的那一剎那，我手停在空中，沒有打下來。

那一刻，我腦中閃過了很多想法。算了！我這樣告訴自己。我把他褲子拉好，跟他說，爸爸決定不打你，你在這裡好好想一想，我等一下回來和你聊。我決定讓自己冷靜一下。十分鐘後，我再次走進房間，跟他說，「爸爸要先跟你道歉，我剛剛真的很生氣，仗著力氣比你大，身材比你高，把你用暴力拖進房間裡，但是我沒有打你，因為我知道打人是不對的，但是我希望你好好想一想，為什麼我會這麼生氣？然後你知不知道你做了什麼事情？」

小朋友回答：「爸爸我也要向你道歉，我剛才真的不知道我為什麼會這樣說話，我知道我說了很多不好的話，我也要跟你道歉。」我和他說，如果一個人能夠道歉，那其實比其他事都需要更大的勇氣，能夠道歉，代表你能夠認錯，也知道自己有錯誤，」我說，男生和男生如果和好了，大家就要好好的握一下手，我伸出手，他也是。我們握了一下手，互相笑了一下，我跟他說趕快去吃飯吧！

和很多同年紀的朋友一樣，被老師、家長修理，是我們這一代人的共通經驗。曾經讀過相關的心理學文章，談到原生家庭對我們面對下一代的教育心態，一種是複製，你從小被打，長大以後，你就會打兒子，這就是複製；另一種恰恰相反，是互補。如果從小你從來沒有聽你爸爸說過我愛你，長大以後，你可能每天抱著孩子說爸爸愛你，這就是互補。

雖然我小時候也被修理過，但我希望我不會打我的孩子，雖然這次氣得想動手，幸好終究沒動手，但我可以理解那時想打人的心情。養兒方知父母恩，這是真的。

我不期待我兒子成為完美的人，講真的，對我來說，他只要不是文盲，不會給人家帶來麻煩就好了。但是他今天願意道歉，我其實是高興的，我一點不介意向小朋友道歉，錯就是錯，不需要因為我們是大人的身分，就要掩蓋錯誤，左支右絀的為了掩飾而醜態百出。**道歉就是道歉，做錯了就是做錯了，沒有什麼年齡的問題**。如果大人願意道歉，小朋友看在眼裡，他會知道道歉是一個好的行為、勇敢的行為。你會狡辯，你的孩子就會狡辯；你習慣說謊，你的孩子就會說謊；你會道歉，你的孩子在他做錯事的時候，就會道歉。

PS

還是那句老話，教育之道無他，愛與榜樣而已！

如果不能改變環境，只好改變你自己

如果能越早去察覺，進而做到這件事，這其實是很高的生命層次呢！多數成年人終其一生，都擺脫不了這樣的情緒漩渦。

晚上聽到房門外有人大聲吼叫，想必又是老大小齊和媽媽起衝突了。出去瞭解了一下，真的是小事、微事變大事。因為小齊火氣大，嘴巴破了，老婆大人叫他去上個藥，小朋友好像正在看故事書，愛理不理的說等一下，這一個動作就觸動媽媽的開關了，直接講「如果你要這樣拖的話，那乾脆就不要上藥」，兩個人就這樣槓起來了，結果事情越演越烈，變成互相有點情緒失控的衝突。

我和老婆大人說一聲：讓我處理。就把小齊拉離現場，請他坐在書桌前，和我下一盤五子棋。

這是我最近摸索出來的一個方法。因為我和他都喜歡下五子棋，所以當他情緒不穩定或是鬧脾氣的時候，我就拉著他去下棋，只要棋局啟動了，他開始進入思考狀態，心情自然就平復了，也比較能夠心平氣和的和我溝通講理，從一個比較客觀的狀態去分析、察覺自己的情緒起伏。

「你知道你剛剛在做什麼嗎？」我問他，他點點頭。「但是媽媽好兇喔！」老大向我抱怨。

我當然知道呀，我親愛的老婆是一個動作迅速、表達明確的人，做事不拖泥帶水，也不要有任何時間或空間的浪費，我老早就知道了，而且我很擅長和這樣個性的人相處，因為我也有一個一樣個性的老媽。常聽人家說，你自己的媽媽什麼樣子，到最後就會娶什麼樣的老婆。我年輕時曾心裡想，老媽這麼猛，我一定要娶個溫柔婉約的……，現在證實了，這些市井話語所蘊含的智慧，還真是深奧，哈哈哈，老婆的脾氣、個性相較於老媽，還真的是一時瑜亮，不相上下。

所以，現在小朋友的心情，我是徹底理解的，因為，我就在這樣的情境下，生活了四十幾年。

「你覺得媽媽的脾氣很大，而且說話很兇，對不對？」老大點點頭。「但是你也知道媽媽其實很愛你，她其實也是好人，只是脾氣比較大，對不對？」他又點點頭。

「你覺得媽媽的脾氣，以後會變好嗎？」我問他。小齊歪著頭想了一下，告訴我「我覺得不會。」「但是，他就是你的媽媽，這一件事情會變嗎？你的媽媽會換人嗎？」「當然不會。」他說。

「所以，你接下來的這一輩子，就是要面對媽媽的脾氣，對不對？而且你也知道，如果沒有意外，媽媽的個性是不會改變的，對不對？」

他點點頭。「這好像是一個很殘酷、卻很真實的事實，那怎麼辦？如果你不能改變媽媽的脾氣，你是不是只能改變你自己？讓你自己不會因為媽媽說了什麼話，做了什麼事，然後就會讓你很生氣或是暴怒，因為如果你沒有辦法改變你自己，未來你這輩子，就一直會像這樣，很難過、很痛苦，你說對不對？」他又點點頭。

是呀！我就是這樣走過來四十年。如果你改變不了環境，你只能改變你自己，用另外一句話來說，就是「**人生如果沒有選擇，你就要學習喜歡**」，你已經注定生活、成長在這個家了。你的媽媽、奶奶，都是態度堅定、表達明確的個性，你沒有選擇的空間，如果你想要在這個家好好的過生活，唯一的方法，就是你自己要找出在這樣的環境之下的生存之道，而**這樣的生存之道，往往就是自己心態的調適和成長。去期待別人的改變（尤其是長者），是最不切實際的，而且可能會越發的讓自己失望而已**。

這個觀念，我花了快四十年，甚至一直到最近十幾年，才慢慢的掌握，盡量讓自己不會因為任何人的一句話，或是一個動作，就觸動了我的開關，讓情緒就這樣升起來（講是這樣講，但其實我也還是會暴走……）。我用小朋友聽得懂的話講給他聽（其實，我表達的和現在打字的語句，真的是差不多的），我很確信，讀小學的小齊，他真的聽懂了，也聽進去了。他問了大哉問，「爸爸，你說你四十歲，現在已經可以不會生氣了，那我現在九歲耶！你說我還需要幾年？」

哈哈，這個問題真的問得太好了，好到我都不知道該怎麼回答。我只能確定，如果老大能越早去察覺，進而做到這件事，這其實是很高的生命層次呢！多數所謂的成年人終其一生，都擺脫不了這樣的情緒漩渦，如果一個小學生就能這樣參透一切，那真的是太了不起了。

我笑著告訴他，**如果你能越早做到，你就會過得更快樂，更開心！**

事情的結局，是我們平平靜靜的一起去睡了，我陪他躺了一下，聊了一會天，等他睡著以後，我爬起來，心有所感的打開電腦，記錄下這一件事。我期待小齊能夠用最短的時間，去參透、感受今大的這件事，以及我對他的說明所帶來的意義。或許他不會是現在，也不會是近期就能做到，但是這個觀念和想法，就從今天起在他心中種下了種子，等到時機成熟的那一天，自然就會開花結果，甚至，他還會繼續傳承給未來的再下一代呢。我想，這就是老爸我能給他最好的一份禮物吧！

PS

用下棋來控制情緒，真的很有效。我覺得每一個父母，都應該要找出一個方法來應對小朋友情緒失控的時候。越是在那種情境下，去威脅、恐嚇甚至動手，都不是好的解決之道。

53

從一個高一新生跳樓談起

有時候，「放下」常常比「給予」更難，當我們願意放下的時候，或許父母自己和他們的下一代，都會得到更多。

早上看到一則新聞，一個考上北一女的高一新生，選擇跳樓自殺結束了生命。她的媽媽表示，女兒一早說要去學校，但是就這樣跳下去了，結束了十五歲短暫的一生。遺言寫著：不用找我，我就在這裡。

報導中寫到，這位年輕同學的父母，是建中及北一女的高材生，大學皆是醫科，姐姐也是第一志願的學生。這樣令人稱羨的背景所帶來的壓力，就是讓她提前結束生命的兇手？我們不能下這樣的定論，但是，無庸置疑的，這位年輕朋友的生活，應承受了很大的壓力。

報導中還提到，從媽媽的臉書上，常常可以看到她分享女兒超齡的文章，備受讚賞的喜悅。而女兒們的乖巧懂事、會念書，也讓這一對父母備受稱羨。這基本上就是一個人生勝利組的家庭，很多人都無法理解，為何這個年輕的女孩竟會選擇這樣結束生命？我相信，過幾天後，這一則新聞就會慢慢被淡忘，等到下一次類似的事件出現後，才會再一次的被提起……

諸多的新聞分析說，這位優秀的孩子會跳樓，是因為擔心自己未來在這個身邊同學都極為傑出的環境裡，將無法繼續保持優秀，她無法承受這樣的狀態，所以做出了選擇。

看完新聞後，我不禁沉思，這純粹是孩子自己的抗壓性不夠？抑或是有更深層的問題值得我們去思考？

很多時候，我們父母常常視子女為榮耀自我的工具，一旦孩子有超齡的表現，特殊且傑出的行為（我們自己定義的），我們就巴不得天下人都知道，我家有個很傑出優秀的下一代。

但，孩子們是快樂的嗎？這些傑出優秀的表現和行為，是他們的本意，還是為取悅父母所做出的表演？等演到精疲力竭、不堪負荷的時候，才選擇用結束生命來表示最無言的抗議！

我自己就是在這種壓力下長大的孩子。和多數我這個年齡層的朋友一樣，我們是標準升學主義下長大的一代，在我的記憶中，分數和體罰是連動很高的一件事。當年填鴨教育時期，考試考不好，換到的就是一頓竹筍炒肉絲（體罰）。我想這是我這個年代大家共同的成長印記。

很高興的，我還算健康的走過了這段求學過程，長大成人，並且有了下一代的小朋友。我覺得有壓力是好的，但是我認為小朋友在很小的時候，不需要背負著這樣的壓力過生活，童年生活應該是快樂、自在的。

看過一些關於教育型態的分析報導，東方教育體系下成長的孩子，在年紀小的時候，和成長於西方體系的孩子做各種評比時，往往很傑出，但是到了高中或大學以後，反而都被西方超越了。

有一個說法是，因為這些孩子童年都沒有玩夠。小的時候，該去玩，都沒有去玩，都在念書背書；等到身體和心靈成熟了，該靜下來學習的時候，卻因為上了大學，得到了空間和解放，玩瘋了，巴不得把過去壓抑這幾十年沒玩到的、少玩到的，一次全部補回來。所以很多大學真的是「由你玩四年」，學術風氣不佳，諸多大學生渾渾噩噩度日，根本沒有去思考未來。追根究柢，真的是小的時候對玩樂的匱乏，讓整個人生的重心變了調！小朋友應該要去玩，但是整個大環境和父母、甚至老師，常不認為玩是對的，是重要的！所以看到小朋友有閒有空的時候，父母最常講的話就是「去寫功課」、「去做作業」，如果作業已經寫完了，就去看書，反正看到小朋友在玩，就是感覺不舒服！我們很少聽到有父母主動說「趕快去玩」的。

對父母來說，其實最難的，就是把生命的所有權還給孩子自己。告訴他，你不需要為了取悅我而活著，也不需要為了娛樂我，而做很多你不願意做的事情。如果你做了，我會很開心，而且謝謝你；如果你沒有做，這也是合情合理，而且不會受到我的情感勒索。

有時候，「放下」常常比「給予」更難，當我們願意放下的時候，或許父母自己和他們的下一代，都會得到更多。這只是我對於這事情發生後的一點省思，並不代表事實一定皆如我所說那樣。也或許，很多事情不是我們從表面的報導就可以看得清楚。只希望類似這樣年輕朋友輕生跳樓的憾事，以後不會再發生了！一個十五歲的生命，她的未來可以很燦爛，不需要這樣輕率的結束……。

PS

讀小學的老大正好聽到我們在聊這件新聞，「跳樓？那不會很痛嗎？」老大問到，我回問他「如果是你，那你要怎麼辦？」老大回答：「考不好就考不好，那是我的事，關其他人什麼事？」聽起來好像有道理，但似乎又有點怪怪的……

54

給你做決定

老大做出計畫後，我身為一個財務支持者，你得要說服我，你為什麼要這樣做？這個決定可以獲得什麼？不能因為我是你爸，你就可以不需負擔任何成本與代價！

由於老大在一、二年級時，念的是華德福小學，三年級後轉去體制外的實驗學校。有太多朋友都在關心，那他未來的銜接怎麼辦？以後要直接出國念書嗎？還是會在台灣繼續念？

我的答案很簡單，就是交給他來決定吧！（當然，我們作父母的會協助分析判斷。）

我預計在幾年後，也就是八、九年級開始，我就會教他簡單的企劃能力，並且給他實際的案例運作，一個國中青少年，設計一家人的出遊，預訂機票、車票和住宿，粗略的安排一下相關導遊行程，這應該不會是太難的事（當然，為了確保行程順利，大人最後還是要再確認一次，而這個確保的過程，對孩子來說也是一種學習，他會知道大人是如何「確認」你不會搞砸這一件事。）

企劃的基礎，就是系統性的思考統整、資源整合、利弊評估等等。如果我從他十二歲開始教他這件事，等到他十五歲的時候，就已經有三年的企劃經驗了。三年，在職場業界來說，已經可以算是略有資歷的從業人員。在那個時候，我會請十五歲的老大，為自己的未來求學作企劃和評估，你的高中和大學，想去哪裡念？應該在哪裡念？你的優勢何在？劣勢何在？你的興趣、想法，還有客觀的環境，你會怎麼去安排？

這一切都讓他做決定。而我扮演的角色，就像是一個天使投資人，只是我所要求的，不是一個財務回報，而是一個你人生幸福快樂的回報。

老大做出這個計畫後，我身為一個財務支持者，你得要說服我，你為什麼要這樣做？這個決定可以獲得什麼？不能因為我是你爸，你就可以不負責任的去做你想做的任何事，而不需負擔任何成本與代價！

這一個協定，將會是兩年一簽，我們保有可以調整和變化的彈性，而不是死板板的無法調整，如果兩年後孩子的想法被證明不正確，或是心態有所改變，那都還來得及補救。

在我們東方傳統文化下，很常出現那種父母要孩子大學志願選填的科系，和孩子自身興趣與意願相違背的情況，嚴重的還可以搞到親子失和、斷絕關係。那樣不是很莫名其妙嗎？大家都希望年輕一代的未來要過得好，卻因為執行的方式和認定有所不同，而造成家庭失和的悲劇，那真是莫名其妙的悲哀！

如果孩子選擇出國，我會尊重他。一位很有智慧的好友曾與我分享，如果要把孩子送出國，一定要有幾個前提：

一**是他真的想出去，而且他知道國外是什麼狀況**。所以，現在的每一個寒暑假，我們都盡量帶小朋友出國走走，讓他們知道國外是什麼樣子，那個環境是不是他可以接受的。

二**是他能夠分辨是非善惡與對錯**。有這個能力，才能避免一些不正當的誘惑，而這個能力和年齡其實並沒有絕對的關係，很多人小時候就知道是非對錯，什麼能碰、什麼不能碰。但是也有些人終其一生甚至到老年，都無法判別是非對錯，而讓人生有了遺憾。

三，**家庭關係要好，感情親密，他出國不是為了逃離這個家！**如果是為了逃離這個家而出國，出國後的行為往往是不受控的，這會是一個悲劇的開始。如果他和家庭的聯繫是緊密的，那這個求學的過程，就不會影響這個家的親密關係和氛圍。

在這樣的情況下，這條求學或是人生的道路，是他自己選擇的，沒有遺憾也不會後悔，我將全力支持。由於之前提到的這幾年的企劃訓練，已經讓他有能力全面性的思考，到底什麼是相對比較好的選擇，更重要的一點，就是要孩子「學會對自己的選擇負責」。因為「沒有人會為你的人生買單」，包括父母都不行。人生是你的，我把選擇權交給你，但你要對自己負責！我願意花精神陪伴你，如果沒意外，我可能沒辦法陪你走到終點，但是在這有限的時間內，我們也沒有遺憾了！

PS

後記：後來小齊到七年級了，選擇讀私校的雙語學程，也許會去國外念大學，我們也尊重他的選擇！

55

關於學英文這件事

如果想要讓小朋友對英文有興趣，我們該做的，應該更像是點燃一把火，而不是注滿一桶水！

對於子女教育，我其實很樂天，我最常掛在嘴邊的話是，「我兒子只要不是文盲就好了！」當然，這是比較極端的說法。只是我覺得小學四年級學到的數學，加減乘除，這輩子應該就夠用了。在從學校畢業之後，請問誰開過根號？算過平方？用過三角函數？就算是一般公司的財務報表，也都是加減乘除就足以應付了。

孩子的媽沒辦法像我這麼樂天樂觀。所以盯小朋友寫功課學習這件事，就變成了媽媽的任務。吃飯穿衣服、睡覺寫功課，找媽媽；遊戲運動找樂子，找爸爸，變成我們家的分工模式。（其實我也知道是蠻不公平的，辛苦老婆大人了！）

但是在所有的學科裡面，有一項科目是我親自抓的，就是英文。這是我親身的經歷所帶來的決定。絕大多數的學習所帶給我們的，與其說是知識，不如說是智慧和觀念。真正讓你生活過得去的實用技巧，基本上都不是在課堂上學的。我個人認為，唯有語言是例外，英文更是重點。因為中文，上課下課你天天都在講，但英文不一定。我英文最好的時候，是出國念書以後的時間，因為我必須天天用。**台灣人有個習慣，我們老是把語言當學問，但其實語言只是工具**。記得曾經看過一段話說，「全世界名勝觀光區的乞丐，如果要討錢，一定都要會講英文。」證明學英文不是造飛彈上太空的大學問，真的沒這麼難！我們不是要研究英文文學或是從語言學角度切入的細膩複雜，講實在一點，老外講話你聽得懂，然後你講話人家聽得懂，也就好啦！

但是從我的生長經歷來說，能使用英文跟人家溝通，在國際視野和生活體驗上真的至為關鍵。數學、自然、社會不好，其實你的人生還是可以過得很好；但如果你英文不會講，人生體驗就會很不一樣，這不是透過翻譯機就可以解決的。所以我特別重視孩子的英文，其他學科我都不太管，但是英文的學習，我對老婆大人明確表示，這點我要親自操盤。

學英文其實和其他學科一樣，並沒有什麼特別的要素，說真的，**我覺得只有兩點，一個是你要有胃口，一個是學習環境要快樂。有動力、又快樂，學習就能長久。**為什麼很多人減肥容易失敗？因為雖然有動力，但是過程不快樂。如果有一個人減肥運動的時候，可以天天和心儀的對象在一起，你看他會不會長久？肯定持續又有效。

在東方的學習模式中，我們常過度強調記憶與背誦。我並不是說記憶與背誦不重要，背誦是學習之本，這無可替代。但是從英語學習來說，我們的教育系統和模式卻把它拆解成一個過於細膩複雜的學科。在我從小的印象中，去上英文課的時候都是不快樂的，只在課堂上做該做的事，所以英文一直是平平的狀態；一直到出國念書後，才真正的掌握這個語言。所以，如果想要讓小朋友對英文有興趣，我們該做的，應該更像是點燃一把火，而不是注滿一桶水！

一桶水裝滿了，就再也裝不下去了。因為早就沒有了胃口；但是面對體制，他還是必須要接受，所以學習變成一件痛苦的事。填鴨、死背、硬記，最後的結果是，我們的孩子常常會問自己或大人，我這麼痛苦的學習，到底是為了什麼？然後隨之而來的，常常是放棄或是逃避。多少有天分的潛在高手，常常就這樣活生生的被埋沒了。我聽過無數個孩子讀到高學歷之後，把學歷證書丟給父母，然後撂下一句話，「學歷證書我拿到了，送給你！接下來請讓我做我自己想做的事…」，人生如此，讓人無言！

但如果我們是為孩子點燃一把火，再給予適當的助燃劑，火就會越燒越旺，讓他自己燒起來，在快樂自然的環境中使用英文。至於複雜的文法和後續細膩的文字，等長大成熟過程中再慢慢加強都不嫌晚，關鍵是要接受英文、喜歡英文，至少不會排斥英文。

老大一直是很喜歡動腦的小孩，我們找到了一個英語學習的環境，教室本身就是一間桌遊店，所以與其講是來學英文，倒不如說是讓他來玩桌遊，只是規定大家都必須要用英文溝通。

我非常認同這樣的理念，就好像多數工作者對於上班這件事常帶點負面情緒，所以才有Blue Monday、TGIF（Thanks god its Friday!）這種話的出現。但如果我們上班就可以好像玩遊戲打電動一樣，那豈不就能大幅提高每個人的上班動力！

目前為止，效果還不錯，老大小齊對於去上英文課這件事是喜歡的、不排斥的，因為老師和他的互動是自然的，是讓小朋友做他喜歡的事情，在快樂的環境中學習成長。身為父母，我現在能帶給他的，也只能這樣，以英文來說，未來的造化，真的就是師傅領進門、修行在個人囉！

PS

其實這些理論說起來簡單，做起來不容易，很多學習的過程，也會需要辛苦和強迫！每一次的成長，其實也都是讓自己離開本來的舒適圈。對未來成長的追求，其實就是在快樂學習及自我強迫中，找到一個平衡點！

讓別人贏

作者	黃冠華
商周集團執行長	郭奕伶
視覺顧問	陳栩椿
商業周刊出版部	
總監	林雲
責任編輯	羅惠萍・潘玫均
封面設計	萬勝安
內頁排版	邱介惠
出版發行	城邦文化事業股份有限公司-商業周刊
地址	115020 台北市南港區昆陽街16號6樓 電話：(02)2505-6789　傳真：(02)2503-6399
讀者服務專線	(02)2510-8888
商周集團網站服務信箱	mailbox@bwnet.com.tw
劃撥帳號	50003033
戶名	英屬蓋曼群島商家庭傳媒股份有限公司城邦分公司
網站	www.businessweekly.com.tw
香港發行所	城邦（香港）出版集團有限公司 香港灣仔駱克道193號東超商業中心1樓 電話：(852)25086231　傳真：(852)25789337 E-mail：hkcite@biznetvigator.com
製版印刷	中原造像股份有限公司
總經銷	聯合發行股份有限公司　電話：(02) 2917-8022
初版 1 刷	2022年5月
初版 23.5 刷	2024年6月
定價	380元
ISBN	978-626-7099-30-8
EISBN	9786267099346 (PDF)／9786267099353 (EPUB)

國家圖書館出版品預行編目資料

讓別人贏／黃冠華著. -- 初版. -- 臺北市：城邦文化事業股份有限公司商業周刊, 2022.05
256面；14.8×21公分
ISBN 978-626-7099-30-8（平裝）

1. CST: 修身　2. CST: 人生哲學

192.1　　111003707

紅沙龍

Try not to become a man of success but rather to become a man of value.
~Albert Einstein (1879 - 1955)

毋須做成功之士，寧做有價值的人。 —— 科學家　亞伯・愛因斯坦